Deixe as preocupações de lado e viva em harmonia

Dados Internacionais de Catalogação na Publicação (CIP)
(Câmara Brasileira do Livro, SP, Brasil)

Grün, Anselm
  Deixe as preocupações de lado e viva em harmonia / Anselm Grün ; tradução de Inês Lohbauer. 2. ed. – Petrópolis, RJ : Vozes, 2010.
  Título original: Lass die Sorgen : sei im Einklang
  ISBN 978-85-326-3827-4
  1. Conduta de vida 2. Crescimento pessoal 3. Espiritualidade 4. Harmonia 5. Preocupação 6. Vida cristã I. Título.

09-00366   CDD-248.4

Índices para catálogo sistemático:
1. Harmonia : Conduta de vida : Espiritualidade : Cristianismo   248.4

Anselm Grün

Deixe as preocupações de lado e viva em harmonia

Tradução de Inês Lohbauer

2ª Reimpressão
Maio/2016

Petrópolis

Anselm Grün, *Lass die Sorgen – sei im Einklang.*
Einfach leben
© Verlag Herder Freiburg im Breisgau, 2ª edição, 2007.

Direitos de publicação em língua portuguesa:
2009, Editora Vozes Ltda.
Rua Frei Luís, 100
25689-900 Petrópolis, RJ
www.vozes.com.br
Brasil

Todos os direitos reservados. Nenhuma parte desta obra
poderá ser reproduzida ou transmitida por qualquer forma
e/ou quaisquer meios (eletrônico ou mecânico, incluindo
fotocópia e gravação) ou arquivada em qualquer sistema
ou banco de dados sem permissão escrita da editora.

Diretor editorial
Frei Antônio Moser

Editores
Aline dos Santos Carneiro
José Maria da Silva
Lídio Peretti
Marilac Loraine Oleniki

Secretário executivo
João Batista Kreuch

Editoração: Fernando Sergio Olivetti da Rocha
Diagramação: AG.SR Desenv. Gráfico
Capa: Juliana Hannickel

ISBN 978-85-326-3827-4 (Brasil)
ISBN 978-3-451-07055-6 (Alemanha)

Editado conforme o novo acordo ortográfico.

Este livro foi composto e impresso pela Editora Vozes Ltda.

# Sumário

Prefácio, 7

Deixe de lado as preocupações, 15

Entre em sintonia, 73

Viver simplesmente, 121

Prefácio

Do que precisamos para sermos realmente felizes? Não muito, diz o filósofo judeu Abraham J. Heschel. Na verdade nada que já não esteja aqui há muito tempo. "Deus, uma alma e um momento. Essas três coisas estão sempre aqui. Simplesmente estar aqui é uma bênção, simplesmente viver é sagrado". O rabino Heschel não era apenas um grande erudito. Ele era também um sábio, mestre da vida, que conseguia tocar nos pontos importantes com uma linguagem clara e mesmo assim quase poética. Ele está convencido de que só essas três coisas são decisivas para uma vida significativa. Não é preciso mais nada.

Neste livro também não pretendo descrever mais do que três coisas. Acredito que sejam suficientes para que a vida seja bem-sucedida: deixar de lado as preocupações, entrar em sintonia consigo mesmo e viver simplesmente. Essas atitudes, ou posturas diante da vida, vêm juntas, e também dependem umas das outras.

Para entrar em sintonia comigo mesmo preciso abandonar as preocupações, pois estas costumam me atormentar. Elas ameaçam me fragmentar, impedem que eu me torne uno comigo mesmo. Por isso preciso abandoná-las, afastá-las de mim. "Sintonia" e "simplicidade" têm a mesma raiz. Trata-se do uno, do simples, daquele acorde único, com um tom simples, e da arte de deixar que os muitos tons se juntem num acorde só. Aquele que reúne em si os diversos tons formando um único acorde torna-se simples, da maneira como os antigos patriarcas entendiam a simplicidade. Na concepção deles essa pessoa tornou-se una com o acorde primordial, una com Deus, a origem de todo ser. E a partir dessa unidade ela vive com simplicidade, como uma pessoa una e simples. Dentro de si, ela se tornou mais clara e mais audível, transparente em relação à unidade.

Abraham Heschel fala do "simplesmente estar ali", e diz que isso é uma bênção. O que ele quer dizer com isso? O seguinte: quem está simplesmente ali, sem segundas intenções, é uma bênção para as pessoas que o encontram. Ele não deve fazer muita coisa pelos outros, especialmente em situações difíceis. Está simplesmente ali, com quem precisa da sua presença, junto àquele enfermo que necessita de outra pessoa. Ele é alguém que simplesmente permanece junto ao enfermo, sem interpretar sua doença com palavras devotas ou com quaisquer julgamentos. Ele simplesmente fica ali, junto àquele que está de luto e inconsolável, e que não suporta palavras de consolo. Quem está desesperado apenas quer ter alguém que simplesmente fique ali, sem dizer nada, sem explicações, sem a pressão da expectativa de que o luto se amenize.

Quem simplesmente está ali, sem interesses dirigidos a algum objetivo, é também uma bênção para a criação. Ele está em sintonia com a criação. Não a usa para si, não a despoja. Ele existe simplesmente, com a criação e dentro dela. É parte da criação, onde floresce como uma pessoa única. Torna-se uma bênção para o seu entorno.

Abraham Heschel atribui à vida simples mais uma qualidade, que a princípio nos parece estranha: a santidade. "A vida simples é santa". Se prestarmos mais atenção à palavra e seu significado, entenderemos melhor o que quer dizer. A palavra alemã *heilig* (santo) vem de *heil*, que quer dizer "saudável, salvo, inteiro, completo". Quem vive simplesmente não é fragmentado. É saudável e inteiro. Vive com tudo o que é. Vive completamente. A palavra latina para "santo" é *sanctus*. Ela vem de *sancire* – delimitar, retirar do mundo. "Santo" é tudo aquilo que foi retirado do mundo, e sobre o qual o mundo não tem poder. Quem vive simplesmente está totalmente consigo mesmo. Não é determinado pelo mundo. Pertence a si mesmo e pertence a Deus. O mundo não tem poder sobre ele. A palavra grega *hagios* tem um significado semelhante. Na língua alemã, *hagios* remete a "abrigo" e a "confortável, aconchegante". No espaço sagrado do abrigo eu me sinto aconchegado e protegido. "Viver simplesmente é algo sagrado". Essa frase significa para mim que eu vivo totalmente o momento, eu vivo totalmente em Deus. Isso me torna santo. Isso me liberta do poder do mundo, do poder das paixões e dos instintos, do poder da ânsia desmedida por reconhecimento e sucesso. Essa vida simples acontece no abrigo, sob a proteção de Deus. Nela tudo é "aconchegante". Nela eu me sinto em casa.

Heinrich Spaemann nos chama a atenção que na Bíblia a palavra "santo" ocorre pela primeira vez ligada ao sétimo dia da criação. Deus santifica o sétimo dia. "Nesse dia Ele descansou, depois de toda a obra que criou" (Gn 2,3). A santidade do sétimo dia também tem sua base profunda na tranquilidade de Deus. Estar tranquilo quer dizer ter repousado das obras. Essa tranquilidade é santa. Nela estou livre da pressão de ter de fazer algo. Posso usufruir da existência. Simplesmente estou ali. Isso é santo. Quando vivemos simplesmente, participamos da tranquilidade do Sabbat de Deus. Então nos libertamos de toda preocupação. Estamos em sintonia com nós mesmos, com Deus e com o momento. Assim, a libertação das preocupações nos levará à tranquilidade do Sabbat de Deus, a uma vida em sintonia com nós mesmos, ao "viver simplesmente", que é santo. Depois dessa tranquilidade, dessa satisfação interior, nosso coração passa a buscar algo. E o que quer dizer essa tranquilidade do coração em profundidade – felicidade?

Deixe de lado as preocupações

Não se preocupe – simplesmente viva

A linguagem é experiência concentrada. Cada povo deu expressão à sua experiência em seu próprio idioma. Quando prestamos atenção ao idioma, também ouvimos o que está vibrando na palavra "preocupação". A palavra grega para "preocupação" é *merimna*. Ela quer dizer preocupar-se com algo, a expectativa temerosa de algo, o medo de algo. Portanto, a preocupação tem a ver com o futuro, e também com o medo do que poderia acontecer. Nós nos preocupamos, de medo. A palavra alemã *Sorge* (preocupação) tem o significado básico de "aflição, desgosto". É aparentada à raiz *serg*, que também significa "doença". Quando uma mãe diz que se preocupa com o filho, isso quer dizer que ela está muito aflita. E às vezes ela até pode ficar doente de tanta preocupação. Como podemos nos proteger das preocupações que nos deixam doentes? Existe uma frase que tem um efeito provocador na nossa sociedade, tão ciosa de segurança: "Não se preocupem com as suas vidas, com a comida e com os seus corpos, e com as suas vestimentas" (Mt 6,25). Jesus diz essa frase no Sermão da Montanha. Ele nos aponta as aves do céu e os lírios do campo, cuidados pelo próprio Deus. O que isso quer dizer – numa sociedade que se autodefine como "sociedade de riscos" e na qual o ramo de seguros progride cada vez mais com suas ofertas de "despreocupação total?" Será que tudo isso não é também uma questão de responsabilidade? O pai de família deve cuidar da sua família para que os filhos possam estudar e ter uma formação profissional. Todos precisam cuidar dos idosos. Será que a exortação de Jesus é irrealista? Certamente Jesus não quer que vivamos apenas o dia de hoje, sem assumir a responsabilidade por nossa vida. Mas Ele nos convida a ter outra visão, a viver nossa vida com gratidão e com a confiança de que Deus está cuidando de nós. Ele alega que o motivo disso é: "Quem dentre vocês conseguirá, com sua preocupação, prolongar a própria vida, nem que seja por um breve período?" (Mt 6,27). Viva sua vida em sintonia consigo mesmo e com Deus. Então ela será uma vida boa.

Onde se situa o problema?

A intranquilidade interior é a razão mais profunda, e não o efeito colateral da preocupação.

Por isso a filosofia estoica lutou para levar ao ser humano a tranquilidade interior. Ela também quis libertá-lo de preocupações inúteis. Epíteto, um importante representante da doutrina estoica, bastante citado pelos antigos monges, afirmava: "O que nos intranquiliza, a nós seres humanos, não são as coisas, mas o julgamento que fazemos delas". Por exemplo, nós nos preocupamos se amanhã vai chover durante a nossa excursão. Mas a chuva não deve nos deixar intranquilos. Trata-se muito mais do julgamento que fazemos da chuva. Quando a julgamos positivamente, a excursão pode até ser um sucesso, mesmo com chuva. Ou então ficamos intranquilos, pensando se a decisão que tomamos é correta ou não. Mas o problema não é a decisão, porém a interpretação dela. Quando nos definimos a partir de um ideal, de que nossas decisões precisam sempre ser absolutamente corretas, então ficaremos constantemente preocupados. Mas quando decidimos de acordo com o que temos de melhor, em termos de conhecimento e consciência, e deixamos todo o resto a cargo de Deus, a preocupação desaparece.

Através do buraco da fechadura

Via de regra, reprimir não ajuda em nada. Podemos até tentar fechar a porta aos problemas, mas isso não vai adiantar nada. Goethe viu isso com muita clareza: "A preocupação se esgueira pelo buraco da fechadura". Não é tão fácil proteger-se da preocupação. Eu posso tentar afastar, com o entendimento, a preocupação que sinto pela viagem de um amigo. Posso liberar as crianças e com elas as preocupações a seu respeito. Mas a preocupação não pode ser afastada tão facilmente. Quando acredito ter trancado muito bem as portas da casa da minha vida para deixar a preocupação do lado de fora, ela se esgueira novamente para dentro, através do buraco da fechadura. À noite eu deixo minha preocupação a cargo de Deus. Mas quando acordo de manhã, ela retorna. Talvez ela tenha se esgueirado secretamente para dentro de mim, no meu sonho. Existem essas fendas de invasão, ou "buracos de fechadura", pelos quais nossa alma fica aberta e acessível. Não posso deixar a preocupação do lado de fora de uma vez por todas. Preciso sempre pedir que ela saia da minha casa. Mas eu sei que nunca vou livrar-me totalmente dela. Será que talvez não seja bom mudar de ponto de vista?

No seguinte verso duplo, Goethe nos mostra uma outra visão sobre a preocupação:

> Você não quer me deixar feliz,
> Preocupação, então me faça ficar
> inteligente.

Por trás disso está a experiência: a preocupação não me deixa usufruir da minha felicidade. Como não consigo deixá-la totalmente do lado de fora da casa da minha alma, ela deve, pelo menos, assumir uma tarefa positiva no trabalho doméstico da minha alma. Ela deve me dar inteligência. A preocupação pode me ensinar a prestar mais atenção para que a alegria da minha vida não seja destruída. Quando a preocupação me leva à inteligência, cumpre a tarefa da sua vida. Ela sempre me lembra que devo construir minha casa em solo firme, e não na teia das ilusões. Aliás, para Jesus esse é o sentido da inteligência. O homem inteligente construói sua casa sobre a rocha e não sobre a areia. Evidentemente, para Goethe a preocupação era a mestra da inteligência. Podemos aprender isso com ele quando as preocupações aparecerem novamente diante de nossa porta – ou já estão no meio de nossa casa.

O que abre a porta

O medo é irmão da preocupação. Nós nos preocupamos muito porque sentimos medo de que possa acontecer algo que nos sobrecarregue. Um ditado chinês diz que o medo bate na porta da nossa alma. "O medo bate à porta. A confiança abre. Não há ninguém lá fora". A maioria das pessoas mandará a preocupação abrir a porta. Quando o medo bate à nossa porta, muitas vezes reprimimos a confiança. Ela não tem coragem de atender. O ditado nos convida a deixar a confiança abrir a porta, apesar de todo medo que há dentro de nós. Nenhum de nós tem apenas medo, nenhum de nós tem apenas confiança. Sempre temos ambos. Cabe a nós decidir quem escolhemos para abrir a porta. Quando a confiança a abre, podemos vivenciar a libertação de ver que não há ninguém lá fora. Quem bateu à nossa porta foi só o medo da nossa alma, não foi ninguém do mundo real.

Vida sem sentido

"Existem três tipos de pessoas: aquelas que se preocupam até morrer, aquelas que trabalham até morrer e aquelas que sentem tédio até morrer." A ironia dessa frase de Winston Churchill consiste naquilo que naturalmente todos sabem: por mais que nós nos esforcemos e nos atormentemos, e qualquer que seja nossa postura diante da existência, em qualquer caso todos nós teremos de morrer. A questão é como administramos nosso tempo até a morte. Podemos usá-lo com preocupações, com trabalho ou com tédio. O próprio Churchill não era uma pessoa preocupada, nem era consumido pelo tédio. "Sou ocupado demais. Não tenho tempo de me preocupar", comentou ele certa vez. O que ele disse está certo. Podemos realmente nos preocupar até morrer, pois as preocupações, o trabalho e o tédio também podem, num sentido figurado, levar diretamente à morte: podemos estragar nossa vida e estrangulá-la com as preocupações desde já. E podemos trabalhar tanto, e nos preocuparmos tanto, a ponto de provocarmos uma morte precoce. Nem uma preocupação exagerada, nem um trabalho excessivo e, sobretudo, nem o vazio do tédio valem o nosso empenho, mas só uma vida adequada, uma preocupação e um trabalho que correspondam à nossa medida.

Mania de saúde

Muitos estão hoje em dia preocupados com a saúde. Eles têm medo de contrair um câncer ou sofrer um enfarte. Então ficam pensando só na própria saúde e deixam a vida passar. É claro que é bom cuidarmos da nossa saúde. Mas quando essa preocupação se torna uma religião substituta, ela assume uma proporção que não nos faz bem e finalmente até prejudica a nossa saúde. As pessoas que se preocupam somente com a saúde ficam logo doentes. O melhor elixir é abandonar as preocupações. É melhor para nossa saúde do que o constante medo de saber se estamos realmente saudáveis. "A maioria das pessoas tem tanto medo de morrer, que se dedica inteiramente a evitar a morte e com isso nem consegue viver direito". Quem disse isso foi Anthony de Mello. O medo da morte pode nos impedir de viver, mas não deveríamos esquecer que um grande médico comentou certa vez, com uma ponta de ironia: "Afinal, nós não morreremos porque estamos doentes, mas porque estamos vivos".

Sacrifícios equivocados

Existe um grande perigo para nossa saúde: somos tão movidos pelo egoísmo, que nem prestamos mais atenção ao nosso corpo e nossa alma. Isso não diz respeito apenas aos atletas de ponta, que arruínam seus corpos por meio do *dopping*, porque querem ser os melhores. Quando nosso corpo se rebela, muitas vezes nós o forçamos, por meio de remédios, a voltar ao seu desempenho máximo. Sacrificamos nossa saúde no altar do nosso egoísmo. O filósofo alemão Arthur Schopenhauer já nos advertia sobre isso há mais de 150 anos: "A maior das loucuras é sacrificar a própria saúde, pelo que for, para conquistar algo, para um maior desempenho, para a erudição, para a fama". São os mesmos objetivos pelos quais as pessoas hoje em dia arriscam a saúde. Como para elas a carreira é muito importante, aceitam adoecer por causa do esforço. Justamente nas situações de sobrecarga elas precisam de prudência, a mesma que São Bento exigia dos seus monges. Realizar tudo dentro de medidas adequadas quer dizer evitar os extremos da aflição e do medo, da suspeita e da inveja. Só quem conhece suas medidas e possibilidades – as próprias e as dos outros – consegue distribuir corretamente suas forças. Só quando não ultrapasso meus limites chegarei ao equilíbrio interno e à sintonia comigo mesmo.

A armadilha

Nós nos preocupamos com nós mesmos; com nossa saúde, nossa imagem diante de outras pessoas, nosso futuro em tempos difíceis. E também nos preocupamos com as pessoas à nossa volta. É compreensível que os pais se preocupem com os filhos quando estes não trilham o caminho que imaginaram. Mas também há pessoas que, onde estiverem, logo se preocupam com os outros. Às vezes isso se parece com o amor ao próximo. Mas também pode ser uma armadilha. Tereza de Ávila conhecia essa armadilha. É dela que provém essa oração incomum: "Liberta-me da grande ânsia de querer cuidar dos assuntos dos outros". Aparentemente Tereza tinha a tendência de querer pôr ordem na vida dos outros. Jesus mostra a ela seu próprio exemplo. Ela deveria ter confiança de que Deus também cuida dos outros. Ela não precisa resolver tudo. Sobretudo, ela nem sabe se os outros querem que ela assuma responsabilidades, passando por cima deles.

Cada um deve cuidar de si mesmo. Podemos acompanhar as pessoas. Mas elas devem pôr ordem nas próprias vidas. A postura de Tereza nos anima a todos a participar do caminho dos outros à serenidade. Sob esse aspecto os santos podem ser os exemplos para nosso cotidiano dos dias de hoje.

O lixo da alma

Preocupamo-nos com muitas coisas. E muitas vezes a preocupação torna-se aflição e angústia, sentimentos que nos sobrecarregam. O humorista Mark Twain teve uma experiência semelhante: "Eu sou um homem velho e já vivi muitas angústias, mas a maioria delas nunca aconteceu". Mark Twain conheceu muita gente que quebrou a cabeça sobre aquilo que poderia destruir suas vidas e sobrecarregá-las. Porém frequentemente as angústias nos corações das pessoas não correspondiam a uma realidade objetiva. A palavra alemã *Kummer* (angústia) provém do alemão superior *Kumber* que quer dizer "entulho", "lixo", "labuta". Na angústia a carga de entulho na alma é grande. Mas nem sempre há um depósito de entulho lá fora para o lixo da alma no mundo real. Pensamos muito mais nos obstáculos que poderiam se colocar em nosso caminho. O riso liberta – inclusive da fixação dos nossos medos. Talvez eles sejam apenas um fantasma. A experiência de Mark Twain poderia nos abrir os olhos a isso. Talvez estejamos deixando nosso corações se sobrecarregarem à toa com as angústias. Vamos deixar os medos inúteis ali onde devem permanecer – no lixo.

As preocupações sabem nadar

As preocupações são péssimos hóspedes Grudam com força, ficam firmemente instaladas.

Foi o que constatou uma vez o poeta Otto Julius Bierbaum. Existem diversas possibilidades de se lidar com esses hóspedes. Muitos não conseguem suportar seus problemas, nem lidar com a presença contínua desses pesos. Não os enfrentam, preferem ocultá-los ou afogá-los nas bebidas alcoólicas. O ator Heinz Rühmann já advertia as pessoas contra esse método. Ele é ineficaz: "Não se consegue afogar as preocupações no álcool – elas sabem nadar". São necessários outros caminhos. Quem quiser sufocá-las no álcool, acaba ganhando mais algumas. A pessoa é torturada pelo medo de se tornar dependente do álcool e perder seu emprego ou fracassar em todo o seu conceito de vida. E reprime o medo usando o álcool para isso. Mas então cria-se um ciclo demoníaco que o leva a preocupações e medos cada vez maiores. Um caminho eficaz é olhar as preocupações de frente, com coragem, e recomendá-las a Deus. Assim, poderemos encontrar o caminho para lidar adequadamente com as preocupações, sem nos deixar determinar por elas.

Outro caminho é lidar ativamente com os problemas. Otto Julius Bierbaum nos aconselha, laconicamente:

> Apenas vire-lhes as costas quando o perseguirem no trabalho. Não lhes restará mais nada, além de ir embora.

A grande jogada

Nenhuma vida transcorre apenas de acordo com nossos desejos, ou exatamente segundo os planos que idealizamos. E sempre constatamos que: não temos tudo em nossas mãos, por mais que nos esforcemos para isso. Existem fases na vida nas quais os problemas chegam a nos oprimir, e apesar de todos os nossos esforços não vemos soluções. Isso existiu em todos os tempos. Afinal, a nossa vida é assim. A Bíblia também fala a esse respeito – também nos dá uma indicação de como lidar com isso. "Jogue suas preocupações para o Senhor, Ele o manterá aprumado!" é o que diz o Sl 55,23. O salmista acredita que temos muitas preocupações, mas ele não duvida dessa realidade citada pelo salmo. Sua recomendação é que não devemos ficar girando ao redor das nossas preocupações, devemos jogá-las sobre o Senhor. É uma bela imagem. Não devemos simplesmente descartar as preocupações ou jogá-las fora, mas jogá-las diretamente para Deus. Devemos jogar sobre Deus, literalmente, todas as nossas preocupações. Nesse ato de jogar estão implícitas duas coisas: agressão, mas também libertação. Quando jogo uma pedra com muita força, eu me sinto mais livre. É assim – diz o salmista – que eu devo olhar para as minhas preocupações, e depois jogá-las sobre Deus. A recompensa desse gesto é que depois consigo ficar de pé com mais aprumo. O próprio Deus me mantém aprumado. Eu adquiro uma nova capacidade de me manter em pé. Quem se preocupa demais não consegue permanecer de pé tranquilamente. Fica sempre inquieto, sempre mudando de lugar. E quando consegue parar, fica dando voltas. A libertação das preocupações é uma condição essencial para a pessoa se manter de pé, aprumada, manter-se consigo mesma e aguentar as coisas.

Qual a utilidade das nossas queixas?

No ano de 1657 Georg Neumark fez a letra e a música de uma canção que se tornou famosa. Até hoje as pessoas gostam de cantá-la, porque ao longo dos tempos elas se identificaram com o texto e a melodia. Ela se chama "Quem deixa apenas o amado Deus nos guardar". A segunda estrofe dessa canção começa com as palavras: "De que nos servem as graves preocupações, qual a utilidade das nossas queixas? De que valem nossos lamentos, todas as manhãs, sobre nossos infortúnios?" Como remédio contra as preocupações angustiantes, o poeta nos aconselha: "Cante, reze e ande nos caminhos de Deus, faça suas coisas sempre com confiança!" Em vez de me torturar com preocupações, devo simplesmente fazer o que é exigido de mim hoje. E todos os dias devo fazer minha oração e louvar a Deus na canção. Então as preocupações não vão me assolar. Esse é o conselho de Georg Neumark, cuja canção também se tornou tão popular porque muitos se encontraram nela, com suas experiências de vida. Poderíamos mencionar uma regra cristã de vida, bem mais antiga, que aconselha algo semelhante: é o lema beneditino "ore e trabalhe". Este também é um remédio contra as graves preocupações. Quando reunidas, a atividade tranquila e enérgica e uma autoconfiança relaxada são um bom método para passar melhor pela vida, livre de preocupações.

Quando escurece e esfria

Num poema, Ingeborg Bachmann questiona ("Reklame", 1956):

> Mas para onde vamos
> Vamos sem preocupações,
> Não tenha preocupações

Quando escurece e esfria
Não tenha preocupações
Porém com música
É o que devemos fazer.

Nesses versos ela cita muitas vezes a palavra de Jesus: "Não tenha preocupações". Mas ela aplica essa palavra de Jesus à escuridão e ao frio da nossa vida. A palavra de Jesus vale também quando tudo em nós escurece e quando o frio domina nosso coração? Ingeborg Bachmann aponta a música. Para ela a música é o meio para conseguirmos nos sentir um pouco mais livres das preocupações, no meio da escuridão e do frio da nossa vida, como nos diz Jesus. Mozart expressou na sua música essa ausência de preocupações. Mas ele não nos mostrou um mundo saudável. Ele fez com que a ausência de preocupações soasse no meio dos medos e dos abismos da alma humana. Essa ausência de preocupações é o lugar em que podemos caminhar na fria escuridão, pois o lar e o acolhimento, o calor e a luz vêm ao nosso encontro.

Levar a vida a sério

Segundo nossa compreensão normal do idioma, "preocupação" indica a angústia e a aflição. Mas se observarmos com mais atenção, a preocupação também tem um significado positivo. Nós nos "preocupamos" com uma pessoa, demonstrando nossa dedicação. Ou então cuidamos de alguém. Lidamos "cuidadosamente" com as coisas do nosso dia a dia. Quanto mais estimamos ou amamos uma coisa, tanto mais cuidados lhe dedicamos. Examinamos cuidadosamente um assunto para que realmente possamos encontrar uma boa solução para ele. E todos concordariam. Sem cuidados, a nossa sociedade não sobreviveria. "Poder cuidar de alguém também é uma experiência de felicidade". Quem disse isso foi Regina Ammicht-Quinn, que chama de felicidade os casos sérios da vida e com isso torna-se crítica contra qualquer interpretação superficial demais da felicidade. Para ela, a preocupação pode até se tornar um caminho decisivo à felicidade: preocupar-se a respeito de alguém é bem diferente de ocupar-se com alguém. Esse tipo de preocupação abre espaço para uma vida significativa. Ela está vinculada ao que o "nosso coração se apega". Nesse caso, não se trata de uma preocupação por medo, mas por amor. Como eu amo alguém, eu cuido dele. Eu lhe dou o que ele precisa para a vida. Eu forneço a ele o necessário e ao mesmo tempo sinto-me realizado por aquilo que faço. A mãe gosta de cuidar dos filhos. E, nos cuidados da mãe, os filhos experimentam o amor que ela sente por eles. E não é maravilhoso, ou até uma felicidade, saber que nos relacionamos com outras pessoas que cuidam de nós, e que também podemos ajudá-las?

Preocupações e cuidados

Muitas vezes nos preocupamos se somos bem-vindos junto às pessoas, se aquilo que fazemos será aprovado por elas. A esse respeito o Evangelista Lucas nos conta uma história clássica. A história das irmãs Marta e Maria também fala de nós. Cada um de nós possui ambas dentro de si: a Marta, que cuida dos hóspedes e se preocupa em ser também uma boa anfitriã, e

Maria, que simplesmente fica junto aos hóspedes ouvindo o que eles têm a dizer. A Marta em nós muitas vezes é a mais forte. Afinal, ela mostra tudo o que sabe fazer, o seu empenho e senso de organização. Muitas vezes não temos coragem de viver a Maria que existe em nós. Deixar de lado todos os cuidados e preocupações, simplesmente permanecer ali, sentada, ouvindo. "Isso é um grande desperdício de tempo", diriam alguns. Mas Jesus intervém contra essas dúvidas e autocríticas. Ele dá razão à Maria em nós. Para Marta Ele diz: "Marta, Marta, você se preocupa e se esforça demais" (Lc 10,41). O seu conselho quer dizer o seguinte: é bom que Marta cuide dos hóspedes. Mas ela não precisa ficar se preocupando se o seu trabalho está sendo bem-feito. Precisamos também da Maria dentro de nós, a Maria que simp hóspede tem a dizer. Então ela pode ficar sabendo do que ele realmente precisa. E na maioria das vezes ele precisa apenas da nossa atenção e nosso carinho.

A preocupação correta

Hoje em dia muitos reclamam da decadência dos valores. As pessoas pensam egoisticamente apenas no próprio bem-estar, não deixam as necessidades e as preocupações dos outros se aproximarem delas. Isso é criticado por alguns. Outros falam de um "Estado provedor". Elas temem que as pessoas se apoiem apenas no Estado e não se preocupem mais consigo mesmas, com o futuro. Ambas as críticas estão corretas. Mais do que no passado, as pessoas hoje dependem muito mais delas mesmas. Elas precisam cuidar de si mesmas e assumir responsabilidades. Isso pode levá-las a não ver as necessidades dos outros. Muitas vezes não são fáceis de determinar os limites entre a prevenção e os cuidados consigo mesmo e aquilo que devem aos outros, aos filhos e aos pais, mas também à sociedade, em termos de solidariedade e cuidados. Existem realmente aquelas pessoas que sempre acham que os outros – pode até ser o Estado – vão solucionar os seus problemas. Elas permanecem presas numa situação semelhante à de uma criança, deixando que a "grande mãe" Estado cuide delas. Devemos ser gratos quando uma mãe cuida de nós e nos sustenta. Mas, quando nos tornamos adultos precisamos cuidar de nós mesmos. Isso é um sinal de liberdade interior. Eu me cuido na medida em que uso o tempo que for preciso para comprar os alimentos de que necessito, e para manter a minha casa limpa. Conheço pessoas que de tanto trabalhar deixam de cuidar delas mesmas. Essa negligência reflete-se na geladeira vazia, para a qual elas olham desoladas nos finais de semana. É importante saber o que é bom para si. A preocupação correta consigo mesmo é expressão do amor-próprio. Mas também é importante não perder de vista o que faz bem aos outros e o que é importante para o bem-estar do todo.

Já estou garantido

"Eu sou pobre e humilde; mas o Senhor cuida de mim" (Os 40,18). Isso não é apenas uma frase devota, sem uma ponta de verdade. Ela não tem nada a ver com a nossa moderna "mentalidade previdenciária". E não deixa de ser uma situação real. Mas o salmista está convencido de que não precisa cuidar de si mesmo. O próprio Deus cuida de mim, diz ele. Essa confiança também determina o Novo Testamento. A partir dessa confiança é que Paulo exorta os filipenses: "Não se preocupem com nada, em qualquer situação ofereçam a Deus suas preces e pedidos com toda gratidão!" (Fl 4,6). Ele escreve isso da prisão. Não sabia se algum dia ainda seria libertado. Mas Paulo conhece a postura básica do salmista. A pessoa cheia de preocupações deve levar diante de Deus, em forma de oração, a situação que a preocupa. Então sua carga, sua aflição, torna-se bem menor. Então ela sabe que Deus a apoia, mesmo quando está na cadeia e teme por sua vida. Para além dos séculos, essa carta de Paulo ainda nos toca diretamente: não devemos simplesmente desviar o olhar da nossa situação. Mas também não devemos nos fixar nela e ficar girando ao seu redor. Na medida em que a levamos a Deus, paramos de nos preocupar com nós mesmos.

Não se aborreça

As preocupações provocam o estresse. Mas por trás de certas preocupações com as pessoas, que aparecem sob a forma de aborrecimento, esconde-se alguma outra coisa. Quando se perguntou ao pesquisador do estresse, Derek Roger, como se podia evitar o aborrecimento ou libertar-se dele, a resposta foi: "A consciência de que na verdade nada é suficientemente importante para provocar nossa perturbação". Conheço pessoas que estão constantemente perturbadas com os outros. Por exemplo, conheço uma mulher que se perturbava com uma colega por causa de um vestido que ela usava, e com uma outra por causa do seu penteado. A perturbação é infundada. A colega pode sim usar aquele vestido e a outra aquele penteado. Quando me perturbo, é porque meu coração está apertado. Não estou comigo mesmo, mas com os outros. Recentemente alguém me escreveu uma carta com diversas críticas, só porque eu não me indignei com a frase de certa psicóloga. Obviamente essa pessoa achou que eu devia me indignar com tudo o que não correspondesse à minha opinião. Contra essa anticultura da constante indignação, os sábios de todo mundo chegaram à conclusão de que devemos permanecer com nós mesmos e deixar os outros serem como eles são.

O cemitério de erros

Muitas vezes nossos pensamentos ficam girando em volta dos erros dos outros. Ficamos aborrecidos quando um amigo se esquece do nosso aniversário, ou quando ele não presta atenção na nossa conversa. Podemos passar dias falando das nossas mágoas com o amigo insensível ou com a amiga desleal, e nos afundando cada vez mais no aborrecimento. Um importante aspecto do desapego é o perdão; em vez de ficarmos carregando os aborrecimentos por causa dos erros dos outros, nós devemos perdoá-los, largá-los, deixá-los ficarem lá mesmo, com o outro. Henry Ward Beecher, um espiritualista americano que se envolveu ativamente na luta contra a pena de morte no seu país, expressou o efeito terapêutico do perdão numa bela imagem: "Toda pessoa deveria possuir um cemitério, não muito pequeno, no qual pudesse enterrar os erros dos amigos". Devemos deixar no túmulo o que foi enterrado, e não ficar remexendo a terra constantemente. Às vezes sonhamos com um túmulo. Isso é sempre um aviso para nos despedirmos das coisas velhas e soltá-las.

Convite

Quando nos aborrecemos com alguém, geralmente achamos que a culpa é dele. O rabino judeu Charles Klein inverte a perspectiva – vira-a para nós: "Todo aquele que o aborrece, vence-o". Quase nunca conseguimos evitar de nos aborrecermos com os outros. Mas quando abrimos espaço demais em nós para o aborrecimento, damos ao outro o poder sobre nós. O outro determina o nosso humor. Deixamo-nos vencer por ele. Não adianta muito reprimir o aborrecimento. Algumas pessoas querem se ver livres rapidamente dos seus aborrecimentos, mas as coisas das quais quero me livrar rapidamente vão me perseguir depois. Nesse caso também devemos soltá-las. No entanto, eu posso apenas soltar o que já aceitei e já encarei. Quando tomo consciência do aborrecimento, consigo distanciar-me dele. Não brigo com o meu aborrecimento. Eu o encaro e falo com ele. "Eis você aqui de novo. Eu o conheço. Você se irrita com os outros. Deixe-os. Eles têm direito de ser como são. Viva neste momento, agora, apenas para você mesmo". Dessa maneira, o aborrecimento torna-se um convite para que eu olhe para mim e entre em sintonia comigo mesmo.

Como o pássaro canta

Hoje em dia muitos jovens sofrem com a falta de perspectivas, o que também tem consequências emocionais. Justamente entre os jovens, as depressões crescem cada vez mais. João Bosco foi um conselheiro carismático, um amigo de jovens "complicados" na Turim do século XIX. Os problemas dos jovens da sua época certamente eram diferentes dos de hoje, mesmo assim ele é um exemplo permanente do modo como abordava os jovens. Sua consciência social, sua compaixão pelos outros, sobretudo também sua visão otimista da vida atraía muitos jovens. Mesmo com jovens difíceis, esse conselheiro, que também era educador, não usava meios violentos ou castigos. Usava o amor e a confiança. Ele entendeu a palavra de Jesus sobre a ausência de preocupações. Jesus lembra a confiança dos pássaros: eles simplesmente cantam e sabem que Deus os alimenta. A partir disso João Bosco formula seu conselho: "Faça como o pássaro, que não para de cantar mesmo quando o galho quebra. Ele sabe que possui asas". Realismo e responsabilidade são importantes, mas às vezes também precisamos um pouco da leveza dos pássaros. Eles cantam, mesmo quando o galho quebra. Assim como o pássaro, nossa alma também tem asas, e pode nos ajudar a resolver os problemas de cada dia. Nossa alma nos dá asas, e assim nos ajuda a enxergar tudo de outro ângulo. Então nossas preocupações e temores se relativizam. No meio do nosso medo de que o chão sobre o qual pisamos possa balançar, elevamo-nos aos céus com a nossa alma. Lá o medo não consegue mais nos alcançar. A recomendação à serenidade, que se tornou uma palavra alada, também veio de Dom Bosco: "Ser alegre e deixar os pardais cantarem!"

Isso passa!

Num pequeno poema, Johann Wolfgang von Goethe fala sobre uma experiência que ocorre facilmente, mas não exclui a parte difícil:

> Deixe de lado as preocupações
> Tudo vai passar!
> E mesmo se o céu desmoronar
> Uma cotovia vai se salvar.

Goethe interpretou a ausência de preocupações dos pássaros como exemplo para a nossa vida, mostrando-os como símbolos da capacidade de nos elevarmos sobre coisas que nos dão medo e nos ameaçam. Se, no caso de Dom Bosco, tratava-se do galho que podia quebrar sob os nossos pés, para Goethe é o céu que pode desmoronar sobre nós. O pássaro não precisa do galho sobre o qual está pousado, nem do céu, que poderá desmoronar sobre ele. O pássaro é livre. Ele voa para onde houver espaço livre. Mesmo quando o edifício da vida que erigimos com muito esforço desmorona e se desfaz em mil pedaços, a alma não se liga a essas coisas externas. Ela é como um pássaro, que pode fugir de tudo isso.

Uma arte nada fácil

Às vezes vejo pessoas que se seguram em si mesmas. Elas acham que conseguem soltar tudo. Mas seus ombros caídos mostram que não é bem assim, pois elas continuam presas, interiormente. Às vezes é preciso muito tempo até que elas realmente consigam soltar as coisas. "Soltar é uma arte libertadora. Segurar as coisas pode nos prender e criar bloqueios em nós. Preciso soltar as coisas às quais eu me apeguei. Enquanto considerei esse fato uma perda para mim, fui infeliz. Mas quando consegui encará-lo sob o aspecto de que a vida é libertada quando se morre, e também quando se soltam as coisas, senti uma profunda paz de espírito". Rabindranath Tagore, que formulou essa opinião, sabe que quando nos apegamos muito a uma coisa tornamo-nos incapazes de agir. Quando queremos uma coisa com muita voracidade, ficamos presos. Nossas mãos ficam amarradas. Por seu lado, soltar é um ato de libertação interior.

De fato, às vezes pode ser muito difícil soltar, e a serenidade é uma arte que não cai no nosso colo. Uma arte precisa ser aprendida. Frequentemente isso não é muito fácil – e muito menos ainda para os jovens. Pode soar um pouco peculiar o fato de termos de fazer algo pela serenidade. Mas não é um fazer, porém um deixar. Justamente, a verdadeira arte é exercitar o "deixar" no "fazer". Eu desejo que justamente aquelas pessoas que têm muito a fazer aprendam essa arte. Ela consiste em deixar algo simplesmente acontecer. Aquilo que fazemos contrariados não nos trará felicidade. A pessoa com quem tudo acontece serenamente admite melhor as coisas. Ela não vai se sentir contrariada, mas vai deixar derreter na língua o que aceitou. E vai se alegrar com isso.

O programa do contrário

Soltar as coisas implica também em libertar-se das próprias fantasias de grandeza. Muitas pessoas são extremamente infelizes porque se apegam às ilusões sobre si mesmas. Elas se apegam ao ideal de serem importantes, de serem as melhores pessoas, mais espiritualizadas, mais inteligentes. Giuseppe Roncalli, mais tarde Papa João XXIII, provavelmente também conhecia essa experiência de se apegar às ilusões. Mas desenvolveu para si um programa contrário: "A consciência da minha insuficiência me mantém na simplicidade e evita que eu me torne ridículo". E numa outra ocasião ele fala consigo mesmo: "Giovanni, não se julgue tão importante!" Nessas frases sentimos uma humanidade redentora. De um ponto de vista externo ele tinha muita dignidade, mas não precisava se esforçar em preencher o ideal da serenidade e da simplicidade. O conhecimento da sua própria insuficiência levou-o por si só a essa simplicidade e clareza. Quem sabe de si e diz adeus às ilusões, está protegido do perigo de se tornar ridículo quando essas ilusões forem destruídas pelos outros.

Simplesmente diga o que você pensa

Aquele que se preocupa fica tenso. Isso não precisa necessariamente ser um problema tão grande a ponto de "comprimir os ombros". Conheço muitas pessoas que conseguem ir a uma reunião e conversar, alegres e sem tensões. Mas outras sempre se colocam sob pressão. Acham que precisam fazer uma boa figura na reunião, que devem provar aos outros que são cultas e têm algo decisivo a dizer sobre temas importantes. Em todas as reuniões elas se sentem como se estivessem diante de um juiz interior, que verifica se elas fazem tudo bem-feito. Foi numa situação como essa que Jesus disse: "Não se preocupem em como devem se defender e o que devem dizer" (Lc 12,11). Simplesmente diga o que você pensa, o que vem do seu interior. Você não precisa se defender nem se justificar. Você pode ser o que é. Confie no seu sentimento. Se você não quiser dizer nada, simplesmente ouça. E quando pensar em palavras que gostaria de expressar, faça-o. Mas liberte-se do seu juiz interior, pois ele vai lhe custar muita energia. Simplesmente viva sua vida.

Em boas mãos

"A preocupação mata as pessoas mais fortes", é o que está escrito no Talmud babilônico, uma famosa coletânea de sabedorias judaicas. Existe uma preocupação que nos aflige e nos consome. Ela nos rouba toda força. Quem se preocupa demais, perde o apetite. Emagrece.

Podemos ver claramente quando uma pessoa está sendo torturada pelas preocupações. Mas contra essas preocupações, que podem nos matar, existe um remédio. Na tradição bíblica, é a confiança na proteção de Deus. O próprio Deus cuida de mim, portanto, não preciso me deixar consumir pelas preocupações. E, para mim, uma ajuda bem concreta é oferecer minhas preocupações a Deus. A oração nos dá essa oportunidade. Então elas se dissolvem, ou pelo menos se relativizam. Na oração cresce a minha confiança de que, com as minhas preocupações, estou nas boas mãos de Deus.

Abrace a sua raiva

Aborrecimento, medo e raiva são os grandes geradores de intranquilidade em nossos corações. "Abrace a sua raiva", aconselha-nos o mestre zen Thich Nhat Hanh. Isso é mais fácil de dizer do que de fazer. Mas quando eu tento abraçar meu aborrecimento ou minha raiva, eles não poderão se espalhar e ocupar todo o meu coração. Eu abraço uma pessoa quando a amo. Não é muito fácil amar minha raiva. Um primeiro passo consiste em não julgar e não condenar a raiva. Devo pegá-la nos meus braços e olhar para ela com muito amor, e então iniciar uma conversa com ela: "O que você quer me dizer? Por que está furiosa? O que a magoou? Qual é a ânsia que está dentro de você?" Numa conversa como essa, sem acusações, mas com muito amor, a raiva vai me dizer algumas coisas. Se ela puder falar, não se enfurecerá sem motivo. Ela vai me chamar a atenção para áreas importantes da minha alma, que eu deixei de enxergar. Quando eu abraço a raiva, dou-lhe o direito de existir. E quando ela puder existir, não precisará mais se fazer notar com tanto alarde. Ela se tornará uma acompanhante no meu caminho.

Quando chega o desespero

Teresa de Lisieux, a pequena Teresa, é uma grande sábia dentre os santos. Ela morreu cedo, quando ainda era uma jovem carmelita. Num clima de espiritualidade estreita e amedrontadora, predominante na época, ela encontrou a coragem de descobrir para si o pequeno caminho do amor cotidiano. Ela jogou fora todo o complicado sistema espiritualista que lhe foi imposto, e passou a confiar no amor. Apesar da pouca idade, ela tinha uma consciência profunda do mistério do ser humano. Essa grande conhecedora da alma escreve: "Quando o desespero nos acomete, geralmente pensamos demais no passado e no futuro". Ficamos desesperados porque no passado não fomos tão perfeitos como gostaríamos de ter sido e olhamos amedrontados para o futuro. O único caminho para nos libertarmos do desespero é nos colocarmos totalmente no momento presente. Agora, neste momento, eu vivo diante de Deus. E agora estou cercado pelo seu amor. Isso me basta. O que foi e o que virá não me preocupa, e não me criará nenhuma preocupação.

Rir ou chorar

Nas tradições orientais encontramos a ideia de que o tempo da nossa vida nos é dado como uma missão a cumprir. No zen-budismo existem sabedorias semelhantes à filosofia estoica. Uma delas diz o seguinte: "O tempo que gastamos para chorar ou rir é o mesmo". Os grandes mestres espirituais estão de acordo com isso: nós somos responsáveis pelo humor com que passamos nosso tempo, com medo ou confiança, com alegria ou tristeza, com preocupação ou confiança. Nesse caso também tudo depende da interpretação que damos à vida. Se enxergarmos tudo de forma negativa, passaremos nosso tempo chorando. Se nos preocupa demais o fato das ilusões que temos sobre a nossa vida estarem de acordo ou não, a vida se tornará muito difícil. Nunca teremos a certeza de que nossos desejos vão se realizar. Mas se acreditarmos, com muita confiança, que a vida é boa tal como é, que ela pode ser como a vivenciamos, poderemos usufruir cada momento.

A caixinha de preocupações

Esperar pode ser um sinal de indecisão, às vezes também de preguiça. Mas pode também ser uma virtude – e pode nos poupar de um aborrecimento supérfluo. Sobre a escrivaninha do fundador da empresa automobilística Chrysler, Walter Chrysler, havia uma caixinha na qual ele guardava tudo o que poderia trazer-lhe preocupações. Depois de uma semana ele verificava o que ainda restava das suas preocupações. A maioria das coisas havia se resolvido por si só, e as outras ele simplesmente esquecera nesse meio tempo. Ele entendeu que grande parte das preocupações tem algo parecido com um resfriado: acharmos que ele dura sete dias ou uma semana é só uma questão de ponto de vista. Nada muda nos fatos. Se nos preocupamos ou não, tanto faz. Walter Chrysler descobriu a verdade da frase: "Muitos problemas resolvem-se sozinhos quando lhes damos o tempo necessário para isso" (Krishna Menon).

A vida não é amanhã, a vida é agora

Abbas Poimen era um grande patriarca do quarto século AD. Muitas pessoas o procuravam para obter um conselho. Certa vez, alguém lhe perguntou para quem seria destinada a seguinte expressão: "Não se preocupe com o amanhã". Poimen respondeu: "Isso foi dito a uma pessoa que, por causa de uma provação, ficou desanimada e perguntou, cheia de preocupações: "Por quanto tempo ainda suportarei essa provação? Mas seria melhor que ela pensasse e dissesse, todos os dias: só por hoje!" É uma interpretação peculiar, dada por Poimen à palavra de Jesus. Para ele, não se trata de uma preocupação com a alimentação ou com o vestuário, mas pela manutenção da vida. Conheço muitas pessoas para as quais essas palavras seriam úteis. Elas se preocupam muito se vão conseguir lidar com sua depressão, ou se conseguirão resistir à provação do desespero ou da resignação. Para elas vale o conselho: não se preocupe com o dia de amanhã. Viva agora, neste momento. Agora você ainda tem força suficiente. Deixe para o dia seguinte o que poderá acontecer amanhã. Ou então deixe-o nas mãos de Deus, que vai apoiá-lo amanhã também.

Quando anoitece

O aforista Georg Christoph Lichtenberg, um observador aguçado dos relacionamentos humanos, comentou certa vez: "Sabe aquele armário das preocupações, o mais sagrado da parte mais interior da alma, que só se abre de noite? Todo mundo tem o seu". Com isso ele quer dizer que muitas pessoas não deixam as preocupações se aproximarem delas durante o dia. Não querem ser perturbadas nos negócios. Querem parecer felizes e sem problemas em relação ao ambiente. Não querem se expor, com suas preocupações pessoais. Mas essas preocupações não se deixam reprimir. À noite elas ressurgem. Às vezes então as pessoas ficam virando na cama de um lado a outro e não conseguem adormecer. Levam as preocupações para dormir com elas.

Um ditado lituano expressa outra experiência: "A noite é o mata-borrão de muitas preocupações". Quando confio a Deus minhas preocupações, antes de dormir, posso me deitar tranquilo. E na manhã seguinte descobrirei que o sono apagou as preocupações, como um mata-borrão que tornou invisível a mancha de tinta. Aquele que confia no efeito curador do seu sono poderá se livrar das preocupações. Os anjos visitam-no em sonho quando ele dorme. Esses anjos levam suas preocupações embora. Ele não precisa fazer nada, apenas abandonar-se ao sono com suas preocupações. Durante o sono devemos soltar tudo, e ao fazer isso confiarmos e nos soltarmos nos braços amorosos de Deus. Então somos levados. E ali as preocupações se apagam.

A bênção do sono

O sono é um dos consolos da vida. Muitas pessoas, devotas e menos devotas, passaram por essa experiência. Santo Agostinho sentiu o efeito benéfico do sono no próprio corpo: "Eu adormeci, depois despertei e descobri que minha dor se amenizara muito". Quando nos entregamos ao sono, ele passa a ter um efeito terapêutico. As dores, devidas às mágoas do dia anterior, diminuem bastante. Ainda as sentimos, mas elas não nos ferem mais. Aldous Huxley também passou por essa experiência, e escreve: "Dentre todas as bênçãos e graças da natureza, o sono é a melhor delas". Mas para as pessoas que sofrem de insônia, essa frase não tem nenhuma utilidade. Não existe nenhum truque para elas se livrarem da insônia rapidamente. O único caminho que leva lentamente à mudança é abandonar a preocupação com o próprio sono. Então podemos ter a certeza de que o corpo assume o repouso de que precisa.

Entre em sintonia

Seja você mesmo o tom e a melodia

A palavra sintonia tem a ver com "tom". Friedrich Nietzsche compara nossa vida com uma sinfonia. Toda sinfonia tem pausas, momentos de suspense, contrapontos, e tem também seus pontos altos. Assim, nossa vida também tem apenas poucos momentos em que somos tocados profundamente, em que algo soa em nós e nos satisfaz profundamente. Nietzsche escreve: "O amor, a primavera, toda bela melodia, as montanhas, a lua, o mar – tudo isso nos fala ao coração quando é totalmente expresso. Muitas pessoas nem têm esses momentos, são os intervalos e as pausas na sinfonia da vida real". Quem é apenas intervalo, quem vive apenas no espaço entre os acordes nunca conseguirá tocar nenhum acorde, não soará quando os acordes forem tocados. Precisamos ser acordes para que a vida nos aceite em sua sinfonia.

Harmonia

A pergunta é: como eu entro em sintonia comigo mesmo. A música pode nos ensinar que a sintonia não é um único acorde. Isso seria muito entediante. A arte consiste em fazer tudo em nós soar, mas de modo a não deixar os acordes entrarem em conflito, mas soarem juntos numa grande harmonia. Tomás de Aquino já havia reconhecido isso quando ele diz, a respeito do belo – não só na música: "A base do belo consiste numa determinada harmonia dos opostos". A música não se torna bela por meio de uma harmonia constante, mas sempre que ocorre uma nova sintonia a partir de todos os opostos. Como nenhum outro compositor, Mozart entendeu isso. Sua música faz soar todos os altos e baixos do coração humano: tristeza e alegria, medo e confiança, amor e ódio. Na medida em que todos os sentimentos soam, eles tentam constantemente soar em conjunto numa harmonia superior.

O acorde da alma

O coral gregoriano possui oito tons diferentes. Cada um abre um espaço de acordes, no qual Deus soa de formas diferentes em meu coração. E cada tom abre um espaço na minha alma para que a mensagem redentora de Deus possa penetrar nesse campo da minha alma e por meio do canto preenchê-lo de luz e amor. Por exemplo, o Introito de Páscoa é cantado no quarto tom. Antigamente os cantos fúnebres eram cantados nesse tipo de tom. Ele é de uma profunda sabedoria, em que justamente nesse âmbito do luto e da tristeza a Igreja canta a mensagem da ressurreição de Jesus. A ressurreição vai transformar todo nosso medo e nosso luto. Cantamos as palavras redentoras da Bíblia nos oito tons, para dentro de todos os âmbitos da nossa alma, para que o amor de Deus soe em nós e tudo em nós entre em sintonia com Deus e conosco.

Sons harmoniosos e harmonia

Os gregos sempre falavam da harmonia, da música das esferas. Para os pitagóricos o cosmos inteiro era uma música. Os diversos planetas produziam uma harmoniosa música das esferas, e aquele que imita essa harmonia do cosmos na música participa dessa ordem. Heráclito falava da harmonia como o som conjunto de elementos contrários. Na harmonia, os contrapostos são levados à sintonia. Platão transferiu isso da música à alma humana. A alma também precisa sintonizar em si as diversas forças. A filosofia estoica fala de Deus como o verdadeiro músico, que faz com que as forças opostas do cosmos soem em conjunto. Clemente de Alexandria usa essa imagem em Cristo, o *logos* divino: "O *logos* levou a dissonância dos elementos à música harmônica para que todo o cosmos se tornasse uma harmonia".

Mais puras e íntegras

Clemente de Alexandria desenvolveu uma "cristologia musical". Cristo é o verdadeiro Orfeu, o cantor divino, que por meio do seu canto toca os corações das pessoas e os abre a Deus. As palavras que Ele anuncia fazem as pessoas entrar em sintonia consigo mesmas. Com isso Clemente refere-se a João, em cujo Evangelho Jesus fala: "Vocês já são puros só pela palavra que eu lhes transmiti" (Jo 15,3). Jesus falou de tal forma de Deus, que as pessoas se sentiam puras, sabiam que estavam em sintonia consigo mesmas. Portanto, as palavras podem levar as pessoas a uma sintonia consigo mesmas.

Deveríamos prestar atenção ao efeito exercido pelas nossas palavras, se elas dividem as pessoas, se as prejudicam com nossas emoções negativas, ou se elas as levam a se sentirem mais puras e íntegras.

Levados pelo som

Para Santo Agostinho, um caminho para o interior das pessoas é o canto. Ele acha que cantar nos leva ao recôndito mais interno da nossa alma, no qual Deus nos habita. Agostinho desenvolveu essa teologia do canto na apresentação do Sl 42,5. No salmo está escrito: "O meu coração transborda quando penso como me mudei para a casa de Deus, num grupo festivo, com júbilo e agradecimento, com uma multidão em festa". Para Agostinho, conseguimos chegar ao mistério mais íntimo de Deus, à casa secreta de Deus em nosso coração (*secretum domus Dei*) pelo canto de júbilo. Não é só o nosso próprio canto que nos leva para o mais íntimo da nossa alma, mas também o canto que é ouvido por nós. Quando nós seres humanos ouvimos aqueles que cantam do fundo do coração e se entregam totalmente ao canto, sentimo-nos como a corça que, atraída pelas fontes de água, toma o caminho em direção a Deus. Levados pela alegria esquecemos todo o mundo exterior e nos viramos para o interior. Sim, somos formalmente atraídos para dentro (*in interiora raperetur*) onde entramos em sintonia com nosso verdadeiro ser.

Solte o que você está segurando

Não foi por acaso que um músico, o cantor inglês Paul Williams, mostrou-nos um caminho para entrarmos em sintonia com nós mesmos e com tudo o que há em nós: "Solte o que está segurando. E tudo o que realmente lhe pertence surgirá imediatamente na sua vida como por um toque de mágica". Quando nos seguramos em algo ou em nós mesmos, aquilo que vive em nós não consegue florescer. Então não haverá harmonia entre nós e nosso ambiente. Isso vale para nossos relacionamentos com os outros, e também para a relação com nós mesmos. Tão logo nos soltamos, entramos em contato com nossa verdadeira imagem. De repente descobrimos quem somos verdadeiramente. Sentimos nosso verdadeiro ser, nossos verdadeiros sentimentos e a riqueza da nossa alma. Segurar também significa sempre: fixar-me numa imagem bem determinada de mim mesmo, e que desloca meu verdadeiro eu. Se eu só me acho bom quando me fixo nessa imagem, nunca descobrirei aquilo que realmente tem a ver comigo e o que é meu. A sintonia e a ressonância afinada só se tornam possíveis quando eu solto as coisas e permito aos outros que sejam como são.

Assim como no céu

Thich Nhat Hanh, o monge budista do Vietnã, recomenda a atenção como caminho para viver em sintonia consigo mesmo. Aquele que é atento e consegue perceber todo instante como sendo novo, como no primeiro dia da criação, não se sente à parte, ele não vê a realidade como banal ou entediante. Ele vibra com a vida ao seu redor, e experimenta a vida, por assim dizer, na magia do começo. Para ele, ela é repleta de inúmeras preciosidades. Quem está numa sintonia assim consigo e com o momento em que respira, já está, como diz o monge vietnamita, no Reino dos Céus: "Não precisamos morrer primeiro para chegar ao Reino dos Céus. De fato, é suficiente sermos totalmente vivos. Se inspirarmos e expirarmos atentamente, e abraçarmos uma bela árvore, estaremos no céu.

Quando respirarmos profundamente e tomarmos consciência dos nossos olhos, nosso coração, nossa vida e nossa ausência de dor de dente, seremos levados diretamente ao paraíso. A paz existe. Só precisamos tocá-la".

Com a mão livre

Ao lado do confucionismo e do budismo, o taoísmo é a terceira maior tradição religiosa da China. Na tradição espiritual do Tao as coisas giram, sobretudo, em redor do "deixar ser". Devo deixar as coisas como elas são e não ficar constantemente interferindo para perturbá-las. A convicção dos sábios orientais é que nas coisas em si existe uma ordem interna. Essa ordem exige das pessoas um comportamento adequado. Na base dessa filosofia também podemos entender o ditado chinês: "Se você soltar as coisas, ficará com as duas mãos livres". Quando seguro algo com força, não consigo agir. Não estou com as mãos livres para fazer algo, pois elas estão ocupadas segurando alguma coisa. Às vezes seguro alguma coisa com uma mão, às vezes com as duas. Ao soltar as coisas fico com duas mãos livres, com as quais consigo pegar o que realmente é importante. Essas mãos livres me possibilitam criar e formar alguma coisa, dar a mão a outra pessoa, estender-lhe a mão quando ela estiver em dificuldades e tocá-la carinhosamente quando ela precisar de amor.

No que consistem os milagres

Muitas pessoas esperam um milagre: o milagre da cura, o milagre de conseguir o emprego certo ou de ser bem-sucedido numa prova. Elas esperam que o milagre venha de fora. Deus deve operar um milagre nelas. Às vezes Deus até faz isso, mas não devíamos nos ater ao extraordinário e procurar sensações, pois os milagres de Deus estão sempre à nossa volta. Devemos apenas abrir os olhos. Então também tomaremos consciência da maravilhosa beleza da natureza. Vivenciaremos o milagre do encontro com outra pessoa. E sentiremos o milagre de estarmos aqui, respirando, sentindo que estamos vivendo. A autora americana Willa Cather escreve sobre essa experiência: "Os milagres simplesmente consistem no fato de nossas percepções ficarem mais sutis, para que, por um instante, nossos olhos possam ver e nossos ouvidos ouvir o que sempre está à nossa volta". A verdadeira arte de viver é ficar atento, todos os dias, e abrir olhos e ouvidos para o milagre de "estender a mão, como se fosse para um pássaro" (Hilde Domin).

Nunca é tarde demais

Em conversas fico sempre sabendo quantas pessoas sofrem por não terem realmente vivido. Elas têm a impressão de que até agora apenas preencheram as expectativas dos outros, mas nunca viveram realmente o que existe dentro delas, só passaram pela vida. E agora têm a impressão de que é tarde demais para encontrar o caminho de volta à sua vida. Mas nunca é tarde demais. Não se trata de lamentar o passado. Agora, neste momento, sou capaz de viver inteiramente, e não preciso fazer tudo diferente. Basta simplesmente chegar, estar em contato e viver consigo mesmo. Quando vivo conscientemente o dia de hoje, poderei dizer, à noite, como o filósofo romano Sêneca: "Todas as manhãs trarão um novo ganho para aquele que todas as noites puder dizer 'eu vivi'". Quando eu realmente vivo hoje, o dia de amanhã também será bem-sucedido.

Permanecer em equilíbrio

Não entramos em sintonia com nós mesmos assim, espontaneamente. Viver uma vida adequada para nós é uma arte. Theodor Fontane descreve essa arte como uma capacidade de criar o equilíbrio dentro de nós: "Viver a vida com leveza e sem leviandade, ser alegre sem ser irresponsável, ter ânimo sem ser eufórico, essa é a arte da vida". Sempre que considerarmos uma postura absoluta, por melhor que seja, ela não nos dará mais sustentação, mas poderá nos desequilibrar. Viver a leveza do ser sem se tornar leviano contém algo de vibrante. Ser alegre sem se tornar irresponsável, demonstrar ânimo sem se tornar eufórico é uma arte. Não podemos nunca considerar esse equilíbrio oscilante como algo fixo. Precisamos de uma percepção sutil para encontrar o equilíbrio adequado para nós. E precisamos ficar atentos para permanecermos nele.

Seja paciente

Francisco de Sales foi bispo de Gênova em cerca de 1600, e nesse ofício ele foi também conselheiro. Por meio de muitas cartas ele acompanhou as pessoas em seus anseios mais profundos. Seus conselhos mostram um grande conhe cimento do ser humano e ao mesmo tempo profundos sentimentos de bondade. Ele escreve: "Nunca permita que seus desejos, por menores que sejam, perturbem seu coração". Podemos ter e expressar desejos. Mas eles não podem tornar-se tão poderosos a ponto de monopolizarem nosso coração e deixá-lo inquieto. Para lidarmos com nossos desejos precisamos de paciência com nós mesmos. Pois às vezes os desejos ficam tão poderosos em nós, que nos deixam inquietos. Francisco de Sales recomenda paciência ao seu coração: "Devemos ser pacientes com todos, mas principalmente com nós mesmos".

Amar a nossa pergunta

Num maravilhoso poema Rainer Maria Rilke descreve a essência da nossa paciência:

Devemos ter paciência
Com os problemas não resolvidos do
   coração
E tentar amar as nossas perguntas
   como recintos fechados
E como livros, escritos numa língua
   muito desconhecida.

Muitas vezes o ser humano é um enigma. Posso ser impaciente comigo porque não me entendo. Ou então posso aceitar com paciência as coisas não resolvidas e tudo o que é incompreensível para mim, e amar as perguntas não respondidas. Trato com cuidado especial os livros escritos numa língua desconhecida, que eu não entendo. O desconhecido tem uma força própria de atração. Quando trato o desconhecido em mim com cuidado, entro em acordo com os enigmas da minha vida e da minha existência.

Como a paz se torna possível

Tomás de Kempis, o autor de *A imitação de Cristo*, que desde o século XVI foi por muito tempo, ao lado da Bíblia, o livro mais lido no mundo, menciona o motivo da insatisfação vivida por muitas pessoas: "Poderíamos viver em paz se não nos ocupássemos continuamente com o que as outras pessoas dizem e fazem". Essa frase é hoje tão atual quanto no passado. Muitas pessoas ficam constantemente girando ao redor do que os outros pensam ou falam delas. Elas têm medo de que as outras pessoas possam falar mal delas. Outro grupo de pessoas se ocupa com as palavras e atos dos outros. Elas se afligem constantemente com o que essa ou aquela pessoa disse ou fez. Ficam lendo, nos jornais ou nas revistas de fofocas, histórias de escândalos com atores ou aristocratas para se indignarem com elas. Em vez de viverem em paz consigo mesmas, precisam dos outros para projetar neles sua inquietação interior. Mas não reconhecem isso. Então, ficam sempre insatisfeitas com o mundo e também consigo mesmas. Nosso coração só fica tranquilo quando nos reconciliamos com os outros e deixamos que sejam como são. A verdadeira paz interior é um espaço no qual vivemos em sintonia com nós mesmos e todo nosso entorno, ou seja, com toda a criação.

Unos com nós mesmos

Ser unos com nós mesmos é algo que basicamente todos queremos. A pergunta é: como isso pode ocorrer? No Evangelho de João, Jesus nos mostra um caminho. Ele pede ao Pai que seus discípulos sejam "unos como nós" (Jo 17, 11). Esse pedido não se refere apenas à unidade dos cristãos entre si, mas à unidade com nós mesmos, quando fazemos o que fez Cristo, quando desceu dos céus para incluir toda a humanidade na unidade com Deus. Assim, nós também só nos tornamos unos quando temos a coragem de descer às profundezas da nossa humanidade, aos abismos da nossa alma, às profundezas do nosso inconsciente. Só aquilo que nós mesmos tocamos pode chegar à unidade com Deus. E só então estaremos de acordo com nós mesmos. Então tudo em nós é preenchido pelo amor de Deus. Só conseguimos ser unos com nós mesmos quando sabemos que estamos em Deus. É assim que Jesus reza: "Todos devem ser um só; como o Senhor, Pai, está em mim e eu estou no Senhor, eles também devem estar em nós" (Jo 17,21).

A fraqueza transforma-se em força

O que mais nos impede de entrarmos em sintonia conosco é a rejeição de muitas coisas das quais tomamos consciência. Criamos uma imagem tão idealizada de nós, que se torna difícil nos reconciliarmos com a realidade. Para essas pessoas que não conseguem se perdoar, Friedrich Nietzsche diz que elas são como são – e provavelmente também são assim consigo mesmas: "Jogue fora a depreciação do seu ser! Perdoe o seu eu! "Como posso fazer isso, perdoar meu próprio eu? Não tenho culpa de ser como sou. Mas em minha alma encontro acusações contra meu eu. Não posso aceitar essas fraquezas, essas características, não gosto de tê-las. Mas só quando consigo perdoar-me, essas supostas fraquezas perdem sua força destruidora. Quando eu me perdoo, de repente as minhas fraquezas transformam-se em forças. Então minha falta de autoconfiança transforma-se em capacidade de entender os outros e de valorizá-los.

A única oração

Um caminho importante para entrarmos em sintonia conosco é a gratidão. Mestre Eckhart escreve: "Quando a única oração que você faz em toda a sua vida é: 'Eu lhe agradeço', ela seria suficiente". Muitas pessoas pedem a Deus que as torne mais fortes e saudáveis e mais bem-sucedidas. Elas só conseguirão se aceitar quando forem como imaginaram. Para isso elas recorrem a Deus. Mestre Eckhart acha que a oração mais profunda é o agradecimento. Ele nem nos diz por que devemos agradecer. O simples "eu agradeço" é suficiente. É o que eu posso dizer sempre, em todos os lugares. Quando consigo alguma coisa, eu digo: "Eu agradeço". Quando não consigo alguma coisa, fica mais difícil para eu fazer essa oração. Porém, se mesmo assim eu conseguir pronunciá-la, vivenciarei o acontecimento de outra forma. No meio do fracasso, continuo em paz comigo mesmo. Então eu digo: Eu agradeço por estar livre das minhas ilusões. Eu agradeço por estar nas boas mãos de Deus, aconteça o que acontecer.

Um novo sabor

A postura da gratidão foi descrita nos nossos dias por David Steindl-Rast, como a verdadeira postura básica do ser humano, até como essencial para um ser humano espiritualizado. Ele diz: "Toda gratidão é uma expressão de confiança. A desconfiança leva a pessoa a não reconhecer nem mesmo um presente como tal – quem poderia garantir que não se trata de um engodo, uma tentativa de chantagem, uma armadilha? A gratidão tem a coragem da confiança e assim supera o medo". As pessoas ingratas são desagradáveis para as outras. Elas desconfiam basicamente de tudo. Quando se dá algo de presente a elas, acham que temos um determinado objetivo. Não conseguem aceitar nada com gratidão. Interpretam tudo de forma negativa por causa da desconfiança. Steindl-Rast diz que uma pessoa grata olha positivamente para o presente em qualquer situação. Ela reconhece a oportunidade que sempre a acompanha, até mesmo na pior das situações. E agarra essa oportunidade. Tudo pelo que somos gratos – quase tudo na vida – nos dá alegria. Steindll-Rast tem razão; quando eu simplesmente aceito, com gratidão, o que uma pessoa ou o que Deus me presenteia, entro em sintonia comigo e com o mundo. Então minha vida adquire um novo e agradável sabor.

Não se diminua

Conheci pessoas que nunca ficavam satisfeitas com os elogios que recebiam. Quando eu as agradecia por algo que me agradou, ou que considerei importante para mim e para meu caminho, muitas vezes elas reagiam se diminuindo. Não vale a pena. Não foi algo tão grande assim. O ato de se diminuir muitas vezes é só a tentativa de receber mais elogios ainda. Provavelmente por trás disso há uma insatisfação. Ou então a incapacidade de aceitar um elogio com gratidão, e a preocupação de nunca se bastar. Não só quando alguém me elogia, mas também quando um outro agradece o meu elogio, sinto-me em sintonia comigo mesmo e com ele. Nós dois agradecemos, e sentimos uma comunhão no agradecimento. Nós dois sentimos que afinal todo o bem vem de Deus. Mas também é bom dizer ao receptor das dádivas de Deus que sou grato por elas.

Ressonância

A gratidão torna as pessoas agradáveis. Gostamos de conviver com pessoas gratas. A gratidão é uma condição para que eu possa efetivamente encontrar o outro e também queira isso. Não gosto de me abrir diante de uma pessoa ingrata. Tenho a impressão de que minha abertura não produz nenhuma ressonância. A gratidão é a base da ressonância sobre a qual acontecem as conversas e os encontros. Por isso, o sentimento de gratidão é vital para uma boa comunidade. A gratidão é a expressão concreta de que eu aceito o outro, de que estou feliz por ele estar na minha comunidade. Esses sentimentos devem ser expressos para que se mantenha o bom nível emocional em uma comunidade.

Alegria em conjunto

A gratidão possui algo de libertador. Ela me liberta da obrigação de me comparar com os outros e colocar minhas obras e minhas habilidades acima deles. Ela me dá a possibilidade de me alegrar com o outro, de me sentir feliz com o que ele conquistou. Não preciso desvalorizar nem rebaixar a mim nem a ele. Meu valor não se perde quando reconheço o valor do outro com gratidão; assim, a gratidão me liga ao outro. Não sou seu concorrente e ele não é o meu. Olhamos juntos para aquilo que Deus nos dá de presente; às vezes para o outro, às vezes para mim, algumas coisas para mim e algumas coisas para o outro. A gratidão possibilita um bom relacionamento e nos liberta do constante confronto, da obrigação de nos compararmos constantemente com os outros. Toda pessoa tem motivos suficientes para ser grata. Não sou apenas grato pelo que Deus me deu, mas também pelas pessoas com que Ele me presenteou e pelas pessoas a quem Ele deu muitos dotes que não encontro em mim. Não preciso ter tudo em mim. É bonito poder admirar no outro algo que me falta. Não sou invejoso, mas me alegro com a riqueza que encontro nas outras pessoas.

Um acordo com a vida

Não precisamos ser gratos só pelas gentilezas e os lados agradáveis da vida. Quando olho para trás sinto-me pleno de gratidão também pelos tempos difíceis, dos quais eu não via saída. Hoje, quando olho para trás, reconheço que minha vida não teria dado esses frutos se toda ela tivesse transcorrido sem dificuldades. Talvez então eu tivesse permanecido como um eterno aluno exemplar, egoísta e esforçado, mas apenas determinado pela razão e a vontade, sem uma profundidade de alma. Justamente quando olho para trás, para os tempos de insegurança, consigo reconhecer com gratidão que Deus me guiou, que Ele escolheu para mim o que era certo. As crises me ligaram ao meu coração. Para mim, sentir gratidão é estar em acordo com a minha vida, estar em sintonia com aquela pessoa que me tornei. E, para mim, sentir gratidão quer dizer sentir e reconhecer uma paz profunda. Tudo está bom como está. Mas essa gratidão também é marcada pela postura da humildade. Eu sei que não posso ter ilusões sobre o que aconteceu. As coisas poderiam ter vindo diferentes. Deus me permitiu vivenciar apenas tanta escuridão e tanto caos quanto eu poderia suportar. Ele nunca me exigiu nada nem me testou para além das minhas forças. Portanto, a gratidão também me preserva do orgulho e me protege da ilusão sobre minhas próprias realizações ou minhas capacidades. Eu sei que tudo isso é um presente, um presente de Deus, mas também das pessoas a quem tenho muito a agradecer. Com elas eu aprendi a confiar na vida, e a ver Deus em tudo.

Tudo é um presente

Não se deve confundir gratidão com ingenuidade. A gratidão me ensina que não devo repousar sobre nenhuma capacidade e nenhuma obra. Não sei por quanto tempo meu espírito ainda permanecerá desperto, por quanto tempo meu corpo ainda poderá cooperar, com todas as sobrecargas externas a que estou submetido. Não tenho nenhuma garantia de que minha força de criação não sofrerá danos, por meio de um acidente ou uma doença. A gratidão me ensina a aceitar tudo aquilo que Deus me presenteou, mas também a dispensá-lo se Ele me conclamar a isso. Assim, por exemplo, a gratidão me liberta do medo de uma possível doença e dos temores do que poderá vir com a velhice. A gratidão leva à serenidade.

Uno com tudo

As pessoas que não estão em sintonia consigo mesmas sentem medo da solidão. Quando estão sós, sua fragmentação interior sobe à tona. Elas preferem fugir disso. Então ocupam-se constantemente com alguma coisa para amenizar a solidão. Mas a palavra solidão (em alemão *Einsamkeit*) possui uma conotação positiva. Ela é composta de *ein* (um) que não quer dizer apenas "um", mas também ser uno. O diferente, quando está junto, é um. O sufixo *sam* significa "de acordo, ou sintonizado com algo". O solitário está sintonizado com a sua unidade. Internamente ele diz sim para o fato de ser uno, único neste mundo e ao mesmo tempo profundamente sozinho. Mas esse estar sozinho não o incomoda. Ele está de acordo com isso. Ele sabe que em sua solidão é uno com tudo, consigo mesmo, com o ser humano e com Deus.

Abraçando a solidão

Todas as religiões valorizaram muito a solidão como um caminho importante a Deus. Paul Tillich disse uma vez que a religião seria aquilo com que todo mundo contaria, na sua solidão. E muito tempo antes dele Lao-Tsé já escrevia sobre a solidão: "As pessoas comuns odeiam a solidão, mas o mestre a usa, ele a abraça, reconhece-a e sabe que é uno com todo o universo". Aquele que aceita sua solidão conscientemente pode passar pela experiência de ser uno com tudo. Este também é o sentido da palavra alemã *allein* (sozinho). Ela significa *all-eins*, em que *all* é tudo, e *eins* é uno, ou seja, ser uno com tudo. Aquele que ousa aprofundar-se na sua solidão e não foge dela poderá sentir que no fundo da sua alma ele é uno com tudo o que existe neste mundo. Tudo no mundo está interligado.

No fundo, tudo é uma coisa só. Assim, a solidão nos mostra o caminho para a profundidade do mundo, sobre o qual se fundamenta a nossa existência.

Único

A famosa frase foi dita por Hermann Hesse: "Viver é ser solitário. Nenhum ser humano conhece o outro, todo mundo está sozinho". A frase pode ser entendida como um lamento sobre a solidão humana, mas pode também ser uma afirmação positiva sobre nosso ser. Toda pessoa no fundo se percebe como sendo só. Existe um fundo em mim que os outros não conseguem ver nem entender. Mas essa experiência da solidão não me isola. Ela proporciona a minha verdadeira dignidade. Como solitário eu também sou único. Só eu sinto o que sinto. Só eu vejo como vejo. Quando eu vivencio isso conscientemente, sinto-me grato pela minha solidão. Percebo que justamente em minha solidão e em minha unicidade eu consigo entender algo da essência de Deus: "Eu sou quem eu sou". Na minha solidão eu percebo o que quer dizer: "Eu sou. Eu estou simplesmente aqui. Eu vivo".

Olhe para o fundo

Friedrich Nietzsche entendeu o sentido da solidão quando escreveu: "Quem conhece a solidão profunda, conhece as coisas profundas". Quem aceita sua solidão, na profundidade máxima, entra em contato com as coisas profundas, com a essência de todas as coisas, e finalmente com Deus, a origem de todas as coisas. Ele olha para o abismo do mistério da sua vida. E no fundo de todo ser tudo se torna claro para ele. Esse é o sentido da contemplação, como os antigos patriarcas a entendiam: eu olho para o fundo. Lá, tudo fica claro para mim. Não vejo algo determinado, não posso explicar o que vejo. É muito mais um olhar puro, para o qual tudo se torna claro. Tudo se esclarece, mesmo quando permanece inexplicável.

O verdadeiro caminho para o interior

Um caminho para se entrar em sintonia é explorar nosso interior. Quem entra para dentro de si mesmo descobre a riqueza interior da sua alma. No nosso interior – descobriu Agostinho – nós nos encontramos com Deus. Pois Deus está mais no nosso interior do que nós mesmos. Muitas pessoas preferem assumir uma atividade. Isso também pode ser bom, como quando, depois de uma longa viagem, elas retornam e sentem um grande alívio. Mas a verdadeira viagem ao interior ocorre em nós mesmos. Alguns alegam que essa viagem interior é entediante ou até perigosa porque poderíamos descobrir nosso caos interior. Mas só quem ousa entrar no seu próprio interior pode alcançar a unidade e entrar em sintonia consigo mesmo.

Serenidade interior

As pessoas que esperam demais da vida encontram dificuldades em aceitar a própria vida. George Bernard Shaw encontrou um caminho para entrar em sintonia com a sua vida: "Aprendi a não esperar demais da vida. Este é o segredo da verdadeira serenidade e o motivo pelo qual tenho surpresas agradáveis em vez de decepções tristes". Como não cria ilusões e não deixa o êxito da sua vida depender de determinadas expectativas, ele permanece em sintonia consigo mesmo. Consegue ser sereno e relaxado interiormente, e grato pelas agradáveis surpresas que a vida sempre lhe prepara.

O que o coração me diz

No convento franciscano de Lyon há uma inscrição que indica um caminho para nos sentirmos satisfeitos com a nossa vida: "Evite cobiçar tudo o que você vê, acreditar em tudo o que ouve, dizer tudo o que sabe e fazer tudo o que pode!" Quem quer tudo o que vê, nunca chegará a si mesmo. A sua felicidade depende do que possui. E vê sempre outras coisas que não possui. Portanto, nunca estará em sintonia consigo mesmo. Aquele que precisa dizer tudo o que sabe está constantemente pressionado a acrescentar algo à conversa. Ele precisa mostrar todo o seu conhecimento às pessoas. E nunca vivenciará o eco que tanto deseja. Preciso conformar-me com o que o coração me diz. Então estarei livre da pressão de ter de dizer tudo, fazer tudo, acreditar em tudo.

No fundo da alma

Muitos se esforçam em fazer o que se espera deles. Eles acham que assim entrarão em sintonia se conseguirem satisfazer todas as expectativas do seu entorno. Mas assim tornam-se dependentes das pessoas e suas expectativas. Não olham para si mesmas. E estão sempre dependentes de um bom eco. Tomás de Aquino nos mostra um outro caminho à satisfação interior: "Nada pode ter êxito se não for realizado com alegria". Quando faço as coisas a partir de uma alegria interior, elas terão êxito. A questão é como alcanço essa alegria. Em cada um de nós há uma alegria oculta no fundo da alma. Mas muitas vezes somos afastados dessa alegria. É importante entrarmos em contato com nossa alegria interior. Ela amplia o coração e faz com que tudo o que realizamos torne-se expressão de alegria e de gratidão.

Campos, relvas, flores

Não entramos em sintonia com nós mesmos apenas quando nos interiorizamos. A percepção do mundo externo também pode nos levar à paz interior. Teresa de Ávila sentiu isso quando disse: "Gosto de contemplar os campos, as relvas e as flores. Eles me ajudam a sentir-me inteira". Quando me envolvo totalmente na contemplação das relvas e dos campos ao meu redor, entro em contato comigo mesma, torno-me inteira, una comigo mesma. A contemplação da beleza me coloca em contato com a fonte da beleza que está presente na minha alma. Na beleza da natureza vejo meu próprio ser. Assim, na contemplação da beleza externa eu integro as belas facetas da minha própria alma e entro em sintonia comigo mesma.

A felicidade num cantinho

Todos conhecem outros caminhos para encontrar a paz dentro de si. Alguns vivenciam isso na natureza. Sentem que a natureza não os desvaloriza, que nela eles podem ser como são. Isso os livra de uma autodesvalorização. Francisco de Sales descobriu outro lugar para encontrar a tranquilidade: "Procurei a tranquilidade em todos os lugares, e no final eu a encontrei num cantinho, com um pequeno livro". Ao ler um livro, ele mergulha num outro mundo. É um mundo afastado das turbulências do seu dia a dia, um mundo no qual ele fala com a alma, no qual ele entra em contato consigo mesmo e o seu verdadeiro ser. Ao ler, ele se comunica diretamente com a sua alma. As palavras ressoam na sua alma e levam-no à sintonia consigo mesmo e com o seu verdadeiro ser.

Seja quem você é

Henri Frederic Amiel mostrou em palavras simples como podemos nos tornar unos com nós mesmos:

> Aprenda a ser quem você é
> E aprenda, calmamente,
> A renunciar a tudo
> O que você não é.

Não é fácil eu me satisfazer com o que sou. Eu gostaria de ser como esse ou aquele, gostaria de ter a sua inteligência e o seu sucesso. Mas assim fico sempre correndo atrás da felicidade sem conseguir alcançá-la. O único caminho à sintonia comigo mesmo é a renúncia a tudo o que não corresponde ao meu verdadeiro ser. Não devo me preocupar com aquilo que não tem a ver comigo, basta ser totalmente aquela pessoa que sou.

Reconcilie-se consigo mesmo

O caminho diário para entrarmos em sintonia com nós mesmos é a reconciliação. Esse caminho não parece simples. Mas devemos trilhá-lo sempre de novo. Nunca nos reconciliamos com nós mesmos para sempre. Friedrich Nietzsche conhece os desafios de nos reconciliarmos sempre com nós mesmos: "Você precisa reconciliar-se consigo mesmo dez vezes; pois a superação é difícil, e quem não se reconcilia consigo mesmo dorme mal". Preciso sempre me superar, reconciliar-me comigo mesmo. Muitas vezes essa superação me parece difícil. Mas não existe nenhum caminho alternativo. Pois – é o que diz Nietzsche – se eu não me reconciliar comigo mesmo, também dormirei mal. Tudo o que não foi reconciliado em mim vai aflorar à noite nos meus sonhos e me proporcionar um sono intranquilo.

Um dia

Todos nós desejamos entrar em sintonia com nós mesmos. Mas temos muitas dúvidas e perguntas. O que se sintoniza comigo? Quando posso dizer que estou em sintonia comigo mesmo? O que devo aceitar e o que devo combater? Nessa tensão interna entre desejo e dúvida, Rainer Maria Rilke escreveu seu poema:

Quando se vivenciam as perguntas
Talvez gradualmente, sem perceber,
Um dia qualquer, pode-se estar
Dentro da resposta.

Não se trata de responder às perguntas. Muitas vezes não encontramos respostas. Mas quando vivenciamos a pergunta, frequentemente encontramos a resposta por meio da própria vida. De repente a própria vida nos dá a resposta. Na vivência da pergunta forma-se a resposta.

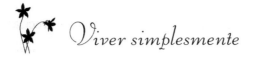# Viver simplesmente

Claro e verdadeiro

Costumamos dizer aos outros, com muita facilidade: "Viva simplesmente!" Mas a palavra "simplesmente" tem um múltiplo significado. Ela pode significar "simplesmente viver" sem fazer nada de especial na vida, ou sem ter ilusões sobre ela. É a mera existência. Eu simplesmente vivo, sem me preocupar muito como devo interpretar a vida. Na tradição, simplicidade também significa não exigir muita coisa. Ela está vinculada a uma acentuada solidariedade para com os pobres. E simplicidade também pode significar verdade e autenticidade. Quando dizemos que alguém vive simplesmente, queremos destacar que ele é claro, inequívoco. Ele não precisa fazer algo para se mostrar. Ele não precisa se apresentar como especial. Ele simplesmente está presente. Ele é simples. Ele é quem ele é. E também vive desse modo.

Liberdade interior

A ânsia pela vida simples é bem antiga. O filósofo estoico Posidônio elogia os romanos dizendo que por causa da "simplicidade do seu modo de vida, sua honestidade e temor a Deus" eles eram predestinados a dominar o mundo. A simplicidade do seu modo de vida obviamente lhes deu força para dominar o mundo na época e pacificá-lo. Mas quando os romanos entraram em decadência, por causa da sua enorme riqueza, o império ruiu. O que o filósofo estoico Posidônio disse há dois mil anos é enfatizado pelos sociólogos de hoje. Eles acham que as elites sempre foram elites ascéticas. Uma característica dessas elites é que elas têm uma vida simples. Elas têm objetivos que vão além delas. Por isso precisam da liberdade interior que a vida simples lhes dá para se concentrarem nos seus objetivos.

Em consonância

Na filosofia estoica a simplicidade era um conceito muito importante. Sobretudo o Imperador Marco Aurélio, um filósofo que ocupava o trono do império, amava esse conceito. Ele usava a palavra grega *haplotes*, usada frequentemente também na Bíblia. Ele achava que nas pessoas verdadeiramente boas tudo deveria ser "simples e com muita boa vontade". Uma vez ele disse a si mesmo: "Não deixe a inquietação dominá-lo, torne-se simples!" Para Marco Aurélio, ser simples significa cumprir sua missão sem segundas intenções, não se deixar determinar pelas paixões e libertar-se das ilusões que frequentemente criamos a respeito da vida. O homem simples não tem malícia. Ele não desconfia dos outros. O filósofo também não deve formular frases complicadas. A característica de um autêntico filósofo é muito mais a simplicidade: "Simplicidade e modéstia são inerentes à filosofia". Mas, sobretudo, a simplicidade é o objetivo da humanização. O verdadeiro ser humano é simples e sincero, sem malícia e sem segundas intenções. Assim, Marco Aurélio diz: "Quando, finalmente, querida alma, você aparecerá bem, simples (*haplous*), una consigo mesma e sem dissimulações, mais transparente do que o corpo que a envolve?" Para Marco Aurélio a simplicidade é um dos maiores bens, pelos quais ele se orienta na vida. Simples é aquela pessoa que está em consonância com a natureza e é livre de paixões. O ser humano simples está simplesmente presente. Ele vive em consonância com a essência do seu ser e com Deus. Ele é correto e sem malícia, sincero e claro.

A dádiva de Deus

Para Marco Aurélio a simplicidade é a característica de um bom filósofo e um bom governante. As duas coisas nos fazem bem hoje. Quem tiver algo importante a dizer, pode dizê-lo simplesmente. Obviamente o chanceler alemão

Konrad Adenauer possui algo da simplicidade do Imperador Marco Aurélio. É dele a frase: "Devemos olhar para as coisas com uma profundidade tal, que elas acabam se tornando simples". Falar com simplicidade sobre as coisas não é sinal de superficialidade, mas de profundidade. No fundo todas as coisas são uma só e estão interligadas. Quando eu reflito bastante, quando vou a fundo nas coisas, elas se tornam simples. Então posso falar sobre elas de uma forma simples. Adenauer considera que o pensamento e a fala simples vêm juntos: "Pensar com simplicidade é uma dádiva de Deus. Pensar e falar com simplicidade é uma dupla dádiva de Deus". Evidentemente Adenauer recebeu essa dádiva de Deus. Por isso ele conseguiu tocar as pessoas com suas palavras simples e claras. Hoje na política fala-se muito dos simplificadores incuráveis. É uma alternância entre o pensamento e a fala simples, e também uma simplificação muito leviana. Em alemão, a palavra "simplificar" possui esse duplo significado. Simplificar a vida é uma virtude. Simplificar o pensamento, para Adenauer, é uma dádiva de Deus. Mas o perigoso é quando simplifico as coisas e as uso demais para defender o meu ponto de vista. Então minha fala simplificada servirá para manipular as pessoas ou até deixá-las ignorantes.

Direcionado a uma única coisa

No Antigo Testamento a palavra *tham* corresponde à nossa simplicidade. Aliás, ela ainda contém muitos outros significados. A Septuaginta também a traduz de forma diferente, às vezes como "simples", ou então como "perfeito, sincero, verdadeiro, sagrado, irrepreensível". O próprio Deus conversa com Salomão: "Se, com o coração íntegro e aprumado, você trilhar diante de mim o caminho que seu pai Davi trilhou, e fizer tudo o que recomendei; se você obedecer meus mandamentos e recomendações, manterei seu trono de rei em Israel por toda a eternidade" (1Rs 9,5). Nesse caso simplicidade significa a total entrega do ser humano a Deus. Sou rei para servi-lo. Não importa a minha fama e meu poder, estou aqui simplesmente para o ser humano e para desejar o melhor para ele. Aquele que está disponível para o ser humano, com o coração simples, é uma bênção para ele. Podemos confiar nele. Sentimos que ele tem boas intenções. É livre de qualquer egocentrismo. Está totalmente impregnado pelo espírito de Deus. Ele se direciona a uma única coisa: ser bom e fazer o bem, desejando o melhor para as pessoas.

Quando o olhar é simples

No Sermão da Montanha Jesus fala do olhar simples e claro: "Quando seu olhar é simples (*haplous*), todo o seu corpo fica claro. Mas quando seu olhar é malévolo (*poneros*) todo o seu corpo fica obscuro" (Mt 6,22; Lc 11,34). Alguns exegetas traduzem *haplous* por "saudável" e *poneros* por "doente". Certamente há algo de correto nisso. O olhar simples é saudável. Ele vê as coisas como elas são. Ele não projeta as próprias necessidades ou emoções sobre as coisas e as pessoas. Podemos ver quando alguém é claro e correto. Só precisamos olhar para dentro dos seus olhos. Então percebemos o que ele irradia: clareza ou dissimulação, amor ou frieza, julgamento ou aceitação, bondade ou desprezo. Existem pessoas que nos cumprimentam gentilmente. Mas o olhar permanece hostil e reservado. Com essas pessoas não nos sentimos bem. Temos vontade de encontrar pessoas que tenham um olhar simples, pois nelas podemos confiar. Essas pessoas têm uma boa irradiação. No Evangelho de Lucas, Jesus nos lembra dessa irradiação positiva ao falar mais sobre essa questão do olhar: "Preste atenção para que em você não haja obscuridade ao invés de luz. Se o seu corpo todo estiver pleno de luz, sem nenhuma obscuridade, ele ficará tão claro como se estivesse sendo iluminado pela luz de uma lâmpada" (Lc 11, 35). Uma pessoa assim, com um olhar simples e bondoso, irradiará muita luz. As pessoas vão sentir seu calor. Vão perceber o claro e o simples que há nela. Então poderão confiar nela, e sentirão bem-estar ao seu lado.

Sem segundas intenções

Paulo, que conhece a filosofia estoica e sua preferência pela simplicidade, usa sete vezes a palavra *haplotes*. Na Carta aos Romanos ele exorta os cristãos: "Quem quiser dar alguma coisa, deve dá-la sem segundas intenções (*en haploteti* = na simplicidade, na inocência do coração)" (Rm 12,8). Para os coríntios ele também fala três vezes da dádiva altruísta (*haplotes*) (2Cor 8,2; 9,11.13). E mostra seu próprio altruísmo e simplicidade àqueles que não os têm. "Porém eu temo que, assim como a serpente enganou Eva com a sua falsidade, vocês também possam desviar seus pensamentos da doação pura e correta a Cristo" (2Cor 11,3). Nesse caso não se trata mais de altruísmo, porém da entrega do coração inteiro a Cristo. O cristão simples é aquele que se deixa determinar totalmente pelo espírito de Jesus e se doa a Cristo com o coração inteiro. Nesse caso, a simplicidade é expressão de um amor sem segundas intenções. É um amor claro. É uma postura na qual sou permeável a Cristo e não tento turvar o seu espírito com meus desejos egoístas.

Como as crianças

Quando Jesus nos recomenda que sejamos como as crianças, Ele está querendo dizer, sobretudo, que devemos ter a simplicidade e a clareza delas. Elas não têm segundas intenções. Elas ainda têm o olhar claro e íntegro. Vemos claramente sua inocência infantil. A antiga Igreja sempre ligou a simplicidade à inocência e à sinceridade. Clemente de Alexandria diz que Jesus, em sua exortação, enfatiza que devemos ser como as crianças, sobretudo por causa da simplicidade (*haplotes*) delas. Elas são capazes de aceitar o Reino de Deus porque são simples. Estão abertas a Deus, deixam-no entrar em seus corações e deixam-se determinar por Ele. Lucas descreve os primeiros cristãos na comunidade de Jerusalém como pessoas de coração simples e claro. "Dia após dia elas permaneciam juntas no templo, traziam o pão às suas casas e ceavam com alegria e simplicidade no coração" (At 2,46). Os cristãos realizam aquilo que os filósofos estoicos descreveram como a verdadeira honestidade e simplicidade. Podem se unir, porque são claros e simples, sem segundas intenções e sem intrigas. Quem vive com tanta clareza e simplicidade enche-se de alegria. É capaz de viver em comunidade e consegue alegrar-se com essa comunhão sincera e aberta.

Sem maldade e sem fingimento

O gnosticismo era um movimento inserido na cultura helenística do antigo cristianismo; era intelectualmente exigente, bastante complexo em suas especulações e costumava discutir todo o conhecimento e todas as ideias. Escarneciam dos cristãos porque achavam-nos simples e infantis, irresponsáveis e simplórios. Clemente de Alexandria, um teólogo que conhecia bem a filosofia grega, defendeu os cristãos contra esse escárnio. Para ele, ser "criança" é uma honra. Ele louva o "ser" infantil dos cristãos nas palavras de um hino: "Na verdade, as crianças são aquelas que só reconhecem Deus como pai, são simples, infantis e puras". As crianças não têm maldade nem falsidade, têm sentimentos justos e corretos. E Clemente liga o que é infantil e simples aos eternamente jovens e bem conservados. "Infantis são aqueles jovens corações que, no meio da velha incompreensão, tornaram-se compreensíveis. Portanto, num contraste com o antigo povo, o novo povo se constitui de jovens que aprenderam a conhecer os novos bens. É a pujante plenitude da primavera da vida, o tempo da juventude que nunca envelhece, o tempo no qual amadurecemos para o conhecimento e permanecemos sempre jovens e sempre suaves". Portanto, a simplicidade corresponde à pessoa que permaneceu jovem e bem conservada, aberta para a vida, aberta para o novo. Ela não é desgastada e enfastiada, mas viva e aberta.

Suave como as pombas

Na antiga Igreja o símbolo da simplicidade era a pomba. Os patriarcas referiam-se à palavra de Jesus: "Sejam sem malícia (simples) como as pombas" (Mt 10,16). Entre os gregos a pomba era dedicada a Afrodite. Portanto, ela era um símbolo do amor. No Cântico dos Cânticos isso ainda aparece, quando o noivo se refere à sua noiva como "minha pomba, minha pura" (Ct 5,2). A pomba simboliza o amor claro e puro, sem segundas intenções. Os patriarcas ligam o símbolo da pomba sobretudo à suavidade. Os antigos acreditavam que a pomba não tinha bile, por isso ela não era agressiva. E viam na pomba uma imagem da ausência de maldade e da inocência. Por isso eles falam dos cristãos como "pombas estimadas por Cristo". Os cristãos devem ser pessoas totalmente permeadas pelo espírito de Cristo, pela sua suavidade e seu amor, clareza e sinceridade.

Internamente claro

"Sejam simples de coração e ricos de espírito!" É o que diz a primeira carta escrita pelo Papa Clemente por volta do ano 100. Às vezes vinculamos a simplicidade à falta de entendimento. Mas o Papa Clemente relaciona a simplicidade do coração à riqueza do espírito. Quem tem o coração simples fica livre de intrigas e de segundas intenções egoístas. Consegue pensar com clareza. Nele o espírito de Deus consegue fluir, porque não está bloqueado pelas ilusões. Aquele que tem clareza interna está aberto ao espírito. É espirituoso e possui riqueza de espírito. Seu espírito aproxima-se da fonte do espírito divino. Por isso ele consegue desenvolver-se livremente e penetrar nas profundezas do seu "ser" humano.

Nem tão simples assim

A língua alemã tem suas particularidades em relação à palavra "simples". Originalmente ela quer dizer "não duplo", "não composto". Em "simples" (em alemão = *einfach*) está inserida a palavra *fach* que quer dizer "uma coisa separada". Originalmente ela descreve uma rede de pesca trançada, usada nos rios. Na Idade Média os campos do meio, recheados de armadilhas trançadas, eram chamados de muretas divisórias (em alemão = *Wandfach*). Construímos edifícios de madeira (em alemão = *Fachwerkbauten*). Mais tarde começamos a falar da divisão no ensino, a disciplina ou matéria (em alemão = *Fach*), ou de uma área em especial na manufatura, na arte e na ciência. Então surgiu o especialista (*Fachmann*) ou a especialista (*Fachfrau*), portanto, *experts* especialmente dotados ou formados para uma determinada especialidade. Na palavra "simples" (*einfach*) ainda há aquela única especialidade (*ein Fach*) que necessita de um especialista (*Fachmann*) que consegue se concentrar naquela única coisa. Para o especialista (*Fachmann*) tudo é simples (*einfach*). Ele não precisa juntar as coisas ou fazê-las em dobro. Ele arruma as coisas, deixando-as simples e claras. Não é tão simples viver simplesmente. Para isso precisamos do especialista, que sabe como lidar com o "único".

Não complique o que é simples

A bela frase é atribuída a João XXIII: "Simplifique o que é complicado e não complique o que é simples". Simplificar não quer dizer deixar as coisas muito simples. Devo sempre ver seu contexto mais complexo. Mas devo olhar através do que é complicado e entendê-lo. Então as coisas ficam simples para mim. É preciso apenas de palavras simples para descrever a realidade. Alguns complicam o que é simples. Muitas vezes eles fazem isso para evitar tomar uma decisão. Eles tornam tudo complicado, assim terão um pretexto para não fazer nada.

Com isso eles justificam sua passividade. O Papa João XXIII, a quem não se deu muito crédito na época da sua eleição, acreditando-se que fosse apenas um papa de transição, conseguiu transformar os complexos relacionamentos na Igreja em uma fórmula simples: "Abram as janelas!" E com isso ele teve a coragem de convocar um Concílio que mudou as bases da Igreja.

Nenhum impedimento

Nas discussões, sempre observo que algumas pessoas hesitam em tomar decisões. Elas procuram um impedimento após o outro, elas especulam sobre algo que poderia acontecer se continuarem naquele determinado caminho. Então, percebo que muitas vezes surgem em mim sinais de agressividade. Tenho a impressão de que algumas pessoas evitam tomar decisões, e por isso procuram um impedimento qualquer que lhes dê motivos suficientes para não terem de decidir nada. Às vezes acho que minha agressividade é expressão da minha impaciência. Procuro a culpa em mim, e para isso foi bom ter encontrado a palavra de Franz Kafka: "Não gaste seu tempo procurando um impedimento, pois talvez não exista nenhum". Sinto-me compreendido por ele. Assim, vou continuar a ter coragem para tomar decisões. E vou abrir bem os olhos em relação a todos os impedimentos que me forem apresentados para ver se não estão muito mais na cabeça do meu interlocutor do que na realidade exterior.

Um olhar penetrante

"A simplicidade é o resultado da maturidade", disse Friedrich von Schiller. Às vezes falamos depreciativamente de uma pessoa, dizendo que ela é muito simples, de "compleição simples", pensamentos despretensiosos, quase um tanto simplória. Schiller vê a simplicidade como sinal de uma pessoa madura. Aquele que amadureceu também tornou-se uno em si e consigo mesmo. Sua unidade interior também vai influenciar o seu relacionamento com as outras pessoas. Ele se torna claro com elas. Ele não precisa representar, pode se permitir simplesmente estar presente. Sua simplicidade de pensamento e sua irradiação têm um efeito libertador e unificador. Perto dele vemos tudo com clareza, tudo o que está turvo em nós fica claro, e conseguimos olhar através da turbidez.

A pequena chave

"Uma porta pesada precisa apenas de uma chave pequena", disse Charles Dickens. As palavras são como chaves que abrem alguma coisa na nossa alma. Alguns teólogos e filósofos escrevem palavras e frases tão complicadas que fecham a porta à vida e ao nosso próprio interior. Precisamos apenas de uma pequena chave para abrir uma grande porta. Precisamos apenas encontrar o buraco da fechadura. Para mim ela é a missão de escrever, com a qual eu abro a porta para a verdadeira vida, usando palavras simples. Naturalmente sempre tenho a sensação de que ainda não encontrei a chave certa. Mas eu sei que essa chave pode ser bem pequena, quase invisível. Mesmo assim, de repente a porta se abre e eu entro em novos recintos, o recinto da verdade e do amor, o recinto do meu próprio interior, no qual o próprio Deus fez sua morada.

Viver solidariamente

Mahatma Gandhi destacou-se pelo despojamento e a simplicidade. Ele praticou um estilo de vida simples. Isso não foi apenas uma expressão da sua ascese pessoal, mas ele fez isso muito mais em solidariedade para com as pessoas. "Viva simplesmente para que todos possam viver com simplicidade". Sua frase tem dois significados. Devo praticar um estilo de vida simples para que os outros também possam viver e encontrar o necessário para suas vidas. Portanto, o estilo de vida simples é expressão da minha solidariedade para com todas as pessoas. Mas posso entender a frase também do seguinte modo:

Devo viver simplesmente para que a vida, que sai de mim, também torne os outros mais vivos. Quando eu vivo simplesmente, convido as pessoas à minha volta a terem coragem de viver simplesmente também.

Em verdade

Leon Tolstoi, o poeta russo que decidiu abandonar o luxo e adotar um estilo de vida simples, escreve em seus diários: "A simplicidade é um pressuposto imprescindível e símbolo da verdade". Com isso ele não apenas se refere a um estilo de vida simples, mas também à simplicidade do pensamento. A verdade é simples. Os filósofos gregos já sabiam disso, eles viam o único, o bom e o verdadeiro reunidos. O ser é simples. A verdade é o desvelamento do ser. Para os gregos a verdade se revela quando o véu é retirado, o véu que encobre o verdadeiro ser. O ser que sai de trás do véu vem ao nosso encontro como algo simples, claro. E ele nos leva à verdade e à unidade com a nossa verdadeira essência.

Não complicar nada

Em seus escritos Erich Kästner demonstra ter muito conhecimento sobre o ser humano. Descreve os seus diversos personagens com muito humor. E comenta, sobre as pessoas que observou: "Algumas pessoas usam sua inteligência para simplificar, e outras para complicar as coisas". Para ele, simplificar é um sinal de inteligência. Estamos falando de uma pessoa que, numa discussão, leva as diversas opiniões a um único ponto. Então, de repente, no meio do caos da discussão, tudo fica simples. Existem pessoas que não param de argumentar, e de tanto argumentarem as outras já não entendem mais nada. Essas pessoas usam a inteligência para deixar tudo mais complicado. Esses participantes de discussões às vezes conseguem nos deixar nervosos. Temos a impressão de que falam de um jeito tão complicado só para se colocarem acima dos outros e mostrar mais conhecimento. Mas ao mesmo tempo pressentimos que por trás dos seus discursos complicados nem existe tanto saber assim.

Poucas palavras

As pessoas que falam muito não conseguem se comunicar com os outros. Pelo contrário: elas separam as pessoas. Com a grande quantidade de palavras que utilizam, afastam as pessoas: "Para se entenderem, as pessoas precisam apenas de poucas palavras. Elas só precisam de muitas palavras para não se entenderem", diz uma sabedoria indiana, que tem valor universal. As poucas palavras que a pessoa entende criam uma relação mais profunda com o outro. As palavras são portadoras da comunicação. Com as palavras nós nos aproximamos. Mas quando alguém não para de falar temos a impressão de que não conseguimos chegar até ele. Não conseguimos estabelecer um contato com ele. Com suas muitas palavras ele nos mantém distantes. Suas palavras não criam nenhuma comunicação. Ele pretende muito mais me confundir, para que eu me perca no emaranhado das palavras e não me aproxime demais dele.

Dias felizes

Um tema importante da simplicidade é a vida simples, o estilo de vida simples. Hoje ele se tornou óbvio para muitas pessoas que vivem com consciência. Não é um sinal de pobreza ou de falta de imaginação. A vida simples tem uma qualidade própria. A simplicidade despretensiosa leva à satisfação, à beleza e à clareza da vida. Sobre essa vida simples, João Paulo II diz o seguinte: "Podemos viver nossos dias mais felizes sem precisar de outra coisa além de um céu azul e a relva verde da primavera". Para João Paulo II, a simplicidade tem a ver com a felicidade. Para aquele que souber usufruir do céu azul e da relva verde da primavera, o estilo de vida simples será um caminho para a verdadeira felicidade.

Tudo de presente

Lao-Tsé, o grande sábio chinês, refere-se ao modo de vida simples como a ausência de pretensão e a suficiência, ao escrever: "Quando você reconhece que não lhe falta nada, o mundo inteiro é seu". Quando me basta o que Deus me deu de presente, meu corpo e minha alma, as pessoas com quem vivo e as coisas que possuo, então o mundo inteiro é meu. Estou em harmonia com o mundo e também uno com ele. E quando sou uno com o mundo, ele me pertence. Sinto-me pertencente ao mundo. Naquele instante em que caminho atento pelo bosque e sinto o aroma das árvores, sinto-me uno com o mundo inteiro, e finalmente uno com o criador do universo. E nesse instante tenho a sensação de que tudo me pertence. Tudo que existe para mim é uma dádiva de Deus, que também me criou e me preencheu com o seu espírito.

O verdadeiro mestre

Alguns descrevem a espiritualidade como um caminho complicado. Numa história zen fica claro que a espiritualidade consiste em se fazer simplesmente o que é correto naquele momento. Três discípulos zen queriam saber qual de seus mestres era o mais devoto. "'O meu é tão devoto que consegue jejuar por vários dias', disse o primeiro. 'Nada mau', disse o segundo, 'mas o meu é tão devoto que passa várias noites acordado, meditando'. 'Pode até ser', disse o terceiro, 'mas meu mestre é tão devoto que come quando tem fome e dorme quando está cansado'".

Essa história zen nos mostra que a verdadeira devoção consiste em se fazer simplesmente o que está correto naquele momento. Não se trata de fazer algo especial da própria espiritualidade. Ela se expressa muito mais pelo fato de simplesmente fazermos o que deve ser feito naquele momento.

Tranquilidade em você

Quando era secretário-geral da ONU, Dag Hammarskjöld anotou muitos pensamentos que marcaram sua vida. O mundo ficou atônito quando seu diário foi publicado após a sua morte. O político revelou ser alguém que buscava a espiritualidade, como um místico. Num mundo complicado, abalado por interesses e razões contraditórias de difícil definição, ele sempre refletia sobre o tema da simplicidade. Um dia, ele anotou: "Ter simplicidade é ver, julgar e agir a partir do ponto em que temos tranquilidade dentro de nós. Quanta coisa acaba sobrando! Mas todo o restante cai no lugar certo". Portanto, o pressuposto da simplicidade é a tranquilidade dentro de nós. Quando estou em contato com a minha verdadeira essência, também vejo as coisas como elas são. Então também posso fazer jus a elas em minhas ações. Mas quando não estou em sintonia comigo mesmo, meus olhos ficam turvos e vejo em tudo meus próprios medos e necessidades.

É assim que deve ser

Numa parábola Jesus nos advertiu para, com nossa espiritualidade, não nos colocarmos acima dos outros nem tentarmos chamar a atenção deles. Para Ele, a verdadeira espiritualidade consiste em fazermos simplesmente o que devemos fazer. Na parábola do escravo inútil, ele conta que o amo não agradece ao escravo por algo que já é seu dever. "Assim também deve ser com vocês: depois de fazerem tudo o que lhes ordenaram, vocês devem dizer: somos escravos inúteis, simplesmente cumprimos nosso dever" (Lc 17,10). Portanto, a espiritualidade implica em se fazer simplesmente o que se deve, o dever do momento, o que se deve ao outro e a Deus. Simplesmente fazer o que se deve fazer. Isso corresponde à sabedoria chinesa, em que o Tao é o comum. É o caminho que deve ser trilhado. A pessoa espiritual é aquela que trilha seu caminho todos os dias, que faz o que é comum, que faz o que é preciso ser feito naquele momento.

O que é decisivo

Mesmo como poeta Leon Tolstoi entendeu Jesus muito bem, isto é, usando uma linguagem bem diferente da teologia. Mas ele está convencido de que a verdadeira espiritualidade consiste em simplesmente se estar presente naquele lugar em que se está. A ele se atribui a frase: "O momento mais importante é sempre o presente, o ser humano mais importante é sempre aquele que está à sua frente, e o bem necessário é sempre o amor". Não devo erigir nenhum edifício espiritual complicado. O decisivo é que nesse momento estou totalmente presente, e sinto o que esse momento espera de mim. O importante é se envolver com o momento, com aquela pessoa concreta diante de mim. E, nisso, o decisivo é sempre manter firme o amor.

Descomplicando

Muitas vezes achamos que ser "simples" é o mesmo que ser "primitivo". Mas a verdadeira vida é complicada, e só pode ser explicada por processos difíceis de pensamento. Heimito von Doderer reconheceu que o correto é justamente o contrário: "As coisas inteiras são sempre simples, como a própria verdade. Só as meias-coisas são complicadas". A verdade é sempre simples e clara. Verdade quer dizer: simplesmente ver o que existe. Para os gregos a verdade (*aletheia*) consiste em tirarmos o véu que cobre todas as coisas para vermos a essência delas. Então olhamos para o fundo. Lá a verdade se revela. Aquele que fala das coisas de um modo complicado, certamente não captou o todo, ele lida muito mais com as coisas pela metade. Quando algo é inteiro e saudável, resolvido e completo, também sempre será simples. Então conseguiremos entendê-lo. Quando algo não foi resolvido, as coisas não se encaixam. E também não conseguimos juntá-las com a nossa razão. Nós as vivenciamos como enredadas e confusas. Para nós é difícil desenredá-las e arrumá-las. Segundo Albert Einstein, tornar as coisas simples – obviamente não mais simples do que elas são – é um sinal de inteligência.

Quanto mais simples é o relógio...

Os ditados expressam as experiências das pessoas ao longo dos séculos. Na Alemanha existe o seguinte ditado: "Quanto mais simples é o relógio, melhor ele funciona". Quando um relógio tem uma construção simples, ele também é confiável. E podemos confiar nele. Hoje às vezes sentimos saudade da simplicidade de algumas coisas. Por exemplo, o rádio do automóvel está ficando cada vez mais complicado. Sempre tenho de estudá-lo antes de usá-lo. E justamente no momento em que preciso da emissora que dá informações sobre o trânsito, alguma coisa se desregula. Quanto mais complicada se torna a tecnologia do rádio do automóvel, mais frágil ele fica. A todo momento novos modelos de computadores chegam ao mercado, sem que tenhamos adquirido a capacidade de entender a sua tecnologia e de manuseá-los. Tornamo-nos vítimas da nossa ânsia de fazermos sempre tudo "melhor", e isso quer dizer tornar as coisas cada vez mais complexas e complicadas. Às vezes o que seduz as pessoas é justamente a simplicidade das coisas. O que vale para o relógio não vale apenas para as várias coisas que hoje só funcionam por meio de uma eletrônica complicada, mas também para o nosso pensamento. O pensamento também precisa de simplicidade para captar as coisas como elas são.

Simplicidade é algo que não nos afasta, mas que nos leva ao que é essencial.

Andando descalço pela vida

Jesus louvou com alegria os "pobres de espírito". Pobre de espírito é aquele que não se prende a nada, que é aberto internamente e livre. Ele consegue usufruir das coisas. Mas não depende do que possui. Para isso os gregos usam a palavra *makarios* (feliz), uma palavra cuja utilização é restrita aos deuses. Só os deuses, que são livres e não dependem do julgamento dos outros, são realmente felizes. O que Jesus nos disse também faz parte da sabedoria do mundo. Um filósofo hindu formulou-o do seguinte modo: "Toda riqueza pertence ao espírito satisfeito. Para aqueles cujos pés estão calçados, a Terra inteira não está forrada de couro?" Quem anda descalço sobre uma relva sente a diversidade da natureza com seus pés, está em contato com tudo o que existe. O couro das solas dos sapatos nos separa do mundo. Quanto mais roupas vestimos, maior é a camada que colocamos entre nós e a Terra. O que temos, nos separa do ser. Ser pobre e vazio, aberto e livre, coloca-nos em contato com o mundo. O que nos pertence realmente não é o que temos, mas o que tocamos.

Passar roupa também ajuda

A atriz americana Meryl Streep encontrou seu próprio caminho para se livrar das fantasias de grandeza. "Quando passamos a nossa roupa, deixamos de ser arrogantes". A palavra "arrogante" vem de *ad-rogare* e quer dizer reivindicar para si algo de outrem, arrogar-se alguma coisa. A pessoa arrogante reivindica para si um valor que não possui. Recusa-se a aceitar sua própria dimensão. Gasta muita energia para trabalhar em sua fachada. Meryl Streep diz que passar a nossa roupa nos preserva do perigo de nos superestimarmos. Em muitos retiros de meditação as pessoas também são chamadas a realizar tarefas cotidianas. Elas ajudam na cozinha, limpam o banheiro, trabalham no jardim. Por trás disso há um ponto de vista importante. Meditar não quer dizer "elevar-se". Uma vida espiritual deve ser apoiada "na terra". Aquele que limpa o próprio quarto resolve suas coisas do dia a dia, sente sua humanidade e sua limitação. Isso nos remete à nossa real dimensão.

Espaço para respirar

Muitos acham que precisam ter sempre mais. Todos nós conhecemos a ânsia pela riqueza. É a ânsia de finalmente termos o suficiente para podermos comprar o que queremos. Porém muitas vezes percebemos como a riqueza toma conta de nós. Ela não nos torna felizes, mas ambiciosos: precisamos ter sempre mais. Henry D. Thoreau nos mostra um caminho a uma riqueza de outro tipo: "O homem é tão mais rico quanto mais coisas ele puder deixar para trás". Aquele que quer fazer muita coisa, possivelmente não faz justamente o que seria importante. E não consegue alcançar a si mesmo. Quem costuma acumular muito entulho logo não terá espaço nem ar à sua volta. Quem acha que precisa possuir tudo o que vê sobrecarrega a si mesmo. Sua casa enche-se de coisas inúteis, até que um dia ele não vai mais conseguir morar nela. Não terá mais espaço para respirar. O meu caminho à riqueza interior é deixar de lado as coisas que eu vejo e alegrar-me com elas, sem querer tê-las. Quando acho que preciso ter tudo, fico sempre com medo de que possam me roubar as coisas. Ninguém poderá me roubar as imagens das coisas que levo dentro de mim.

A arte suprema

Os maiores sábios de todos os tempos, e também as "pessoas normais" com suas experiências de todo dia, têm conclamado os outros a viverem simplesmente. Mary Jean Irion pensou nessa vida simples, quando escreveu: "Ó dia totalmente normal, deixe-me saber que tesouro você é para mim. Não permita que eu te relegue a um segundo plano para sair à procura de uma manhã perfeita e rara". Quando sinto esse instante, sei que nele está a plenitude. Mas quando espero um nascer do sol muito especial, ou um dia especialmente bonito ou uma paisagem maravilhosa, fico cego para a beleza do instante. Simplesmente viver aquele momento é a arte suprema da vida. Ela nos leva à verdadeira vida, à gratidão em cada instante.

Usufrua o ócio

Thich Nhat Hanh lembra que muitas vezes nós dizemos uns aos outros: "Não fique sentado aí, faça alguma coisa". Pais e professores gostam de usar essa frase, e também os chefes. Uma mulher que cresceu numa aldeia contou-me que todas as vezes em que ela queria ir brincar a mãe lhe dizia: "Há muita coisa a ser feita. Faça isso ou aquilo". Ela não suportava ver a menina simplesmente sentada ali, usufruindo daquele momento. Thich Nhat Hanh nos aconselha a simplesmente inverter essa frase, tão utilizada: "Não fique fazendo um monte de coisas, sente-se, fique aqui. Sinta prazer em estar vivo, no aqui-e-agora". Quem, quando criança, sempre ouviu aquela primeira frase e a internalizou a vida inteira, acha difícil permitir-se estar simplesmente ali, naquele momento, sem fazer nada e sem ter de mostrar alguma coisa.

Contemple as estrelas

Costumamos perguntar às pessoas famosas qual seria o seu "legado", queremos saber o que elas desejam transmitir às outras pessoas, como essência das suas ideias. O filósofo russo das religiões Pavel Florenski, um erudito genial em muitos campos, escreveu em seu testamento, para seus filhos, que o seu legado seria a vida simples: "Há muito tempo eu quis escrever isso para vocês: Contemplem as estrelas o mais frequentemente possível. Se vocês sentirem o coração pesado, contemplem as estrelas, ou, durante o dia, o céu azul. Se vocês estiverem tristes, se alguém os magoar, se vocês não conseguirem algo, se houver um turbilhão nas suas almas, saiam ao ar livre e fiquem sozinhos com o céu. Então suas almas ficarão tranquilas". Com essas palavras simples o pai quis dar um presente aos filhos. Quando eles cultivarem a arte de simplesmente estarem ali, e simplesmente contemplarem as estrelas, conseguirão dominar suas vidas de uma forma positiva. É um testamento da arte de viver.

Lista de alegrias

Contrapor o "estar presente" às preocupações com o futuro, e dirigir a atenção ao que nos rodeia, é a arte da vida simples. O poeta português Fernando Pessoa anotou em seu *Livro da Inquietação*, no dia 21 de junho de 1934, o que ele desejava:

> Nada mais que...
> Um pouco de sol
> Uma pequena lufada de ar,
> Algumas árvores que
> Emolduram a distância,
> O desejo de ser feliz...

Nesse caso as preocupações estão bem longe. Não se perde nada. A vida é agora.

Podemos intensificar a alegria na medida em que a tornamos consciente. Bert Brecht fez uma lista das alegrias mais simples. Para sentirmos alegria não precisamos de muitas coisas, nem coisas caras. Para Bert Brecht basta:

> Tomar um banho de chuveiro, nadar,
> Música antiga.
> Sapatos confortáveis.
> Entender.
> Música nova.
> Escrever, plantar.
> Viajar.
> Cantar.
> Ser gentil.

São as coisas mais simples que alegram o coração. Todo mundo pode tê-las. Só precisamos fazê-las. Só precisamos tomar consciência disso.

A lista de alegrias simples de Johann Wolfgang von Goethe é um pouco diferente. Mesmo assim, por trás da sua lista há uma experiência semelhante à que Brecht teve com a vida simples.

> Deveríamos, todos os dias,
> Pelo menos ouvir uma pequena canção,
> Ler um bom poema,
> Ver uma bela pintura e,
> Se possível,
> Dizer algumas palavras sensatas.

As primeiras três atividades na verdade são passivas, não são atividades no sentido habitual. Referem-se à recepção: recebemos alegria quando ouvimos uma canção, lemos um poema e vemos um quadro. A canção penetra no coração, o poema nos toca e o quadro se impregna em nós.

A quarta nós mesmos precisamos realizar: dizer palavras sensatas, palavras que esclareçam algo, despertam a vida, animam-na, alegram-na.

O autoesquecimento – simplesmente ser

A felicidade não chega facilmente. Precisamos procurá-la. Não podemos segurá-la. Mas quando estamos abertos, Deus nos dá de presente, na natureza – justamente na primavera e no verão, quando toda a natureza floresce –, muitos momentos de felicidade. A relva exala um aroma agradável, o bosque espalha um cheiro característico. Nós cheiramos, nós saboreamos, ouvimos e observamos a plenitude da vida. Quem estiver de plena posse dos seus sentidos e consciente das maravilhas da criação à sua volta, sentirá felicidade. É essa a felicidade que vem ao nosso encontro. Porém a natureza nos mostra mais um caminho à felicidade: ela não depende de nenhuma estação do ano. Quando aceitamos a plenitude da vida em nós, senti-mo-nos felizes, entramos em sintonia com nós mesmos. A felicidade é expressão de uma vida plena. A plenitude da vida está aqui. Só precisa-mos pegá-la e nos abrirmos a ela. A rosa flores-ce sem um por que, diz Angelus Silesius. Quan-do simplesmente florescemos como a rosa, sem nos perguntarmos por que, entramos em sinto-nia com nós mesmos. A felicidade tem a ver com o nosso autoesquecimento. Felicidade é apenas ser. Sempre que tentamos justificar muito nossa felicidade, passamos longe dela. Precisamos de muitos motivos para nos sentirmos felizes quan-do não estamos realmente felizes. Quem esquece de si mesmo, quem se envolve totalmente no que está fazendo, é feliz. Não se trata do sentimento de felicidade. Não se consegue segurar sentimentos. Trata-se simplesmente da minha capacidade de estar aqui, sem ficar pensando em mim mesmo, mas apenas me conscientizando sobre tudo o que existe, o que existe em mim, o que há à minha volta e como estou em Deus. A natureza nos convida a essa capacidade de nos esquecermos de nós mesmos na contemplação da criação em flor, e simplesmente captarmos com nossos sentidos a beleza que nos é revelada. Quem se deixa ensinar por essa escola torna-se capaz de sentir a felicidade que Deus lhe oferece. Aprenderá que muitos instantes da vida possuem em si o sabor da felicidade.

Espiritualidade

COLEÇÃO CLÁSSICOS DA

EDITORA VOZES